서문, 책의 안과 밖

서문, 책의 안과 밖

박희병 지음

2025년 11월 24일 초판 1쇄 발행

펴낸이 한철희 | 펴낸곳 돌베개 | 등록 1979년 8월 25일 제406-2003-000018호
주소 (10881) 경기도 파주시 회동길 77-20 (문발동)
전화 (031) 955-5020 | 팩스 (031) 955-5050
홈페이지 www.dolbegae.co.kr | 전자우편 book@dolbegae.co.kr
블로그 blog.naver.com/imdol79 | 트위터 @Dolbegae79 | 페이스북 /dolbegae

편집 이경아
표지디자인 민진기 | 본문디자인 이은정·이연경
마케팅 고운성·김영수·정지연 | 제작·관리 윤국중·이수민·한누리
인쇄·제본 영신사

ISBN 979-11-94442-58-5 (03800)

ⓒ 박희병, 2025

• 이 책 내용의 전부 또는 일부를 재사용하려면 저작권자와 돌베개출판사 양측의 허가를 받아야 합니다.
• 책값은 뒤표지에 있습니다.

서문, 책의 안과 밖

박희병 지음

기획자의 변(辯)

지난 사십여 년간 한국학 연구의 최전선에서 분투한 박희병 교수가 고희를 맞았다.

늙음이 자신에게 다가오는 줄 모르고 연구에 몰두하고 있는 박 교수에게 고희는 한낱 명칭에 불과할지 모른다. 그러나 세상의 관습에 따라 인생의 단계를 기념하며, 지나온 여정을 돌아보고 앞으로 남은 길을 가늠해 보는 것도 좋은 일이라 생각한다. 이에 그동안 출간된 책의 서문을 모으고 일부 발문과 수상 소감 등도 그때그때 학문 행위의 서문이라 여겨 함께 수록하여 '박희병 교수 서문집'을 냄으로써 그 학문적 궤적을 기억하고자 한다.

그리고 학문적 글쓰기에서 서문의 역할과 의미가 무엇인지 숙고하고, 한 사람의 학문적 자세와 글쓰기의 특징을 이해하는 데 도움이 되기를 바라는 뜻에서 박희병 교수의 자서(自序) 및 권성우 교수의 발문을 추가하였다. 권 교수의 발문으로 인해 고전과 현대, 학문적 글쓰기와 비평적 글쓰기의 조우가 가능했고, 이 책의 의미가 더욱 확장될 수 있었다. 특별한 발문을 써 주신 권성우 교수께 깊이 감사드린다.

    지난 사십여 년간 박 교수의 대부분의 책들을 출간해 주신 돌베개출판사의 한철희 사장님, 지난 이십여 년간 정성을 다해 편집을 맡아 주신 이경아 부장께도 감사드린다. 두 분의 한결같은 지원으로 한 학자의 깊은 생각과 글이 물질화되고 사회화될 수 있었다.

    몹시 낡고 협소한 서재를 자신의 진정한 거소(居所)로 여기며, 오롯이 학문의 길을 지켜 온 박 교수의 오랜 시간에 경의를 표한다.

    박희병 교수의 글쓰기는 언제나 현재진행형이다.

2025년 10월 31일
박혜숙(인하대 명예교수)

자서 1
서문집을 내며

'서문'이란 책 앞에 얹는 글이다. 책의 초고가 완성되면 몇 번 퇴고를 해 출판사에 넘긴다. 하지만 대개 서문은 이때 쓰지 않는다.

   학문적 저술 작업은 중노동에 가깝다. 사고의 집중을 요하기에 체력의 소모가 엄청나다. 책상에 앉아 몇 시간을 꼼짝도 않고 몇 달 혹은 몇 년 동안 글을 쓴다는 것 자체가 아주 부자연스러운 행위다. 이 부자연스러운 행위를 끝까지 견뎌 내지 않으면 책은 이루어지지 않는다. 적어도 내 경우 그러했다. 하지만 이 말이 저술 행위가 재미없거나 즐겁지 않다는 말은 아니다. 학자에게 저술 행위만큼 즐거운 일은 없다. 학자는 궁극적으로 저술 행위를 통해서만 자신의 사유를 단련하고 향상시킬 수 있으며, 최고의 열락과 정신적 자유를 향유할 수 있다. 이 말은 진실이다. 그렇기는 하나 저술 행위에 큰 고통이 따른다는 것도 진실이다. 스트레스와 육체적 피로 때문이다.

이러니 책의 원고를 출판사에 넘길 즈음이면 거의 탈진 상태에 빠져 정말 아무 일도 하고 싶지 않게 된다. 멍하니 지내며 휴식을 좀 취하다 보면 서너 달쯤 후 출판사로부터 교정지가 온다. 서문을 쓰는 것은 바로 이 무렵이다.

막상 서문을 쓰려고 하면 책을 쓴 과정이 처음부터 끝까지 다시 떠오르고, 내가 과연 소기의 목적을 달성했는가, 나는 무엇 때문에 이 책을 썼는가, 이 책은 대체 무슨 의의가 있는가, 이런 등등의 생각이 꼬리를 물고 이어진다. 이에 다시 길 없는 길 앞에 서서 이런저런 사념을 하면서 책 전체를 조감(鳥瞰)하게 된다. 그동안 책에만 잠겨 있다가 마침내 책 밖으로 나와 책 안을 사유하는 것이다. 그리하여 이 책이 나의 실존, 나의 삶과 어떤 관계를 맺고 있으며, 또 우리 사회와 무슨 관련이 있는지를 곰곰이 생각하게 된다. 그러므로 서문은 비록 분량은 적어도 쉽게 쓸 수 없고 또 쉽게 써서도 안 되는 글이다. 스스로는 깨닫지 못해도 이 짧은 글에서 저자의 공부와 본지풍광(本地風光)이 고스란히 드러나기 때문이다.

적어도 학술적 저술의 경우 나는 나의 책 서문에서, 기존의 학문적 담론 지형 속에서 이 책이 뭐가 새로우며 무슨 창안을 이룩했는가, 이 책에 담긴 내 정신의 운동

과정은 어떠한가, 나는 어떤 고민에서 책을 썼고 어떤 문제를 돌파하기 위해 책을 썼는가, 나는 이 연구를 통해 무엇을 말하고 싶었으며 어떤 모색을 꾀했는가, 내가 논한 주제와 그 논의 방식이 한국의 학문 수준을 끌어올리는 데 과연 도움이 되었는가 하는 등등에 대해 언급하거나 물었다. 그 결과 내가 쓴 서문들은 각각 그 당시 내 공부의 진척 정도와 내 공부의 지향점, 나의 학문적 고민과 의제를 정직하게 드러내고 있다고 생각한다. 그 점에서 그것은 내 공부길의 이정표요, 글을 쓴 바로 그때의 '나'라고 해도 좋지 않을까 한다.

본서에 실린 글 중 제일 이른 시기의 것은 1982년 7월 29일에 쓴 『벗이여, 흙바람 부는 이곳에―박병태 유고집』의 서문이고, 가장 최근의 것은 2024년 5월 30일에 쓴 『김시습, 불교를 말하다』의 서문이다. 전체적으로 학술서에 쓴 서문이 가장 많고, 번역서에 쓴 서문이 그다음으로 많다. 비록 나의 저술은 아니지만 내가 엮거나 주편(主編)한 책들 몇 권의 서문도 실었다. 또한 '수상 소감' 두 편과 취지문 한 편도 함께 실었다. 이것들은 비록 책의 서문은 아니지만 내 학문의 어떤 단계의 서문에 해당한다고 여겨서다.

1985년에 출간된 『우리가 우리에게』와 1986년에 출간된 『그러나 이제는 어제의 우리가 아니다』이 두 책의 서문은 출판사 편집부에서 작성한 것으로 되어 있으나, 실은 내가 쓴 글이다. 당시 억압적인 정치적 상황으로 인해 이름을 밝히지 못했었다. 이 두 책은 당시 나의 제안에 따라 처음 기획되어 몇 사람이 함께 작업해 엮은 노동자들의 시문 선집인데, 종로5가 기독교회관 내의 한국기독교민중교육연구소에 소장된 자료들이 큰 도움이 되었다. 1985년 어느 여름날 토요일로 기억된다. 소장이신 허병섭 목사님은 불쑥 찾아와 자료를 요청하는 생면부지의 대학원생 두 사람(나와 박혜숙 교수)에게 아무 말 않고 즉시 서류 보관함에 있던, 가리방으로 긁은 다양한 형태의 자료 수십 개를 보여 주셨다. 우리는 그것을 갖고 나와 복사한 후 되돌려드렸다. 그 후로도 서너 차례 더 방문해 자료를 열람하거나 복사했다. 그간 이 사실을 한 번도 말한 적이 없는데, 본서의 간행에 즉해 이 사실을 밝힘으로써 돌아가신 허병섭 목사님께 감사와 존경의 마음을 표하고 싶다.

서문에는 본래 책을 낼 때 도움받은 분들에 대한 감사의 말이 있게 마련이다. 본서에 실린 서문들의 말미에도 원래 감사의 말들이 있었다. 하지만 이 부분이 글의 긴장감을 떨어뜨린다는 편집자 이경아 씨의 지적에 따라 감사의 말은 빼기로 했다. 그 대신 책의 맨 끝에 애초 감사를 드렸던 분들의 이름을 밝혀 두었다.

이 책은 예정에 없던 것인데 박혜숙 교수의 제안으로 내게 되었다. 박 교수는 애초 비매품으로 일종의 사가본(私家本)을 이삼백 부쯤 만들어 지인들과 나누어 가질 요량이었던 것으로 알고 있다. 올해 내 나이가 어쩌다 칠순인데 그냥 지나가기가 서운해 굳이 이런 식으로라도 기념하고 싶었던 게 아닌가 싶다. 그 뜻을 순순히 따른 것도 이런 마음을 거스르고 싶지 않아서다.

책을 내면서 몇 마디 적어 그 경위를 밝힌다.

2025년 8월 31일 밤, 박희병

자서 2
서문은 책의 '안'인가 '밖'인가

흔히 서문에는 책을 쓴 경위라든가 책을 쓴 의도나 목적, 책의 주제나 주요한 내용이 먼저 언급되고, 뒤를 이어 그 책을 읽는 방법이 제시되거나 독자에게 드리는 말이 나오고, 마지막으로 책의 집필이나 출판에 도움을 준 분들에 대한 감사의 말이 나온다. 사실 서문에는 이런 사실들이 적절히 언급될 필요가 있고 또 언급되는 것이 좋다. 그렇기는 하지만 서문이라는 것을 이렇게만 이해하면 서문의 상투화로 떨어질 우려가 있다. 기실 대부분의 책은 비록 그 주제와 내용은 다를지라도 서문 자체는 판에 박은 듯한 천편일률적인 느낌을 주는 경우가 많다. 문제는 이런 고정된 투식에서는 저자의 지성과 개성이 드러나기 어렵다는 점이다. 이런 글에서 우리가 과연 저자의 '사유'와 조우할 수 있을까?

 서문 글쓰기라 해서 사유 행위가 면제되는 것은 아

니다. 그렇기는커녕 서문은 책만큼의, 혹은 책보다 더 높은 사유를 내장(內藏)하지 않으면 안 된다. 왜냐하면 서문은 저술 행위의 '끝'에 나온 글이며, 이 때문에 저술에 대한 메타적 언어와 사고가 개진되어야 하기 때문이다. 이런 관점에서 본다면 서문은 한갓 의례적 글이거나 집필이 끝난 뒤의 한담 같은 것이 결코 아니다. 이에서 서문 글쓰기에 임하는 자세의 문제랄까 마음가짐의 문제가 제기된다.

그렇다고 서문 글쓰기가 잔뜩 힘이 들어가거나 감정 과잉이 되어서도 곤란하다. 이는 자신의 책에 대한 과도한 의미 부여나 공연한 허세로 이어질 수 있다. 작위성이나 경직성, 과도한 감정 상태에서는 진실되고 깊은 사유가 나올 수 없다. 냉철함이 결여되어서다. 그러므로 힘은 빼되 정신을 최고도로 집중하여 백척간두(百尺竿頭)에 선 기분이 되지 않으면 안 된다. 그래야 글쓰기의 '최전선'에서 서문을 쓸 수 있다. 물론 모든 서문이 이래야 하는 것은 아니지만, 적어도 지적 저술이나 학문적 저술의 경우 이런 태세가 불가결하다. 왜냐하면 이런 태세에서만 사유가 나올 수 있음으로써다.

서문은 책의 '안'인가 책의 '밖'인가? 이 물음은 다시 이렇게 고쳐 물을 수도 있을 것이다: 서문은 책의 일부인가 아니면 책 외부의 어떤 것인가? 내가 보기에는 대부분의 저자는 서문을 책 바깥의 글로 간주하고 있는 듯하다. 다시 말해 책이라는 것이 따로 있고 그 외부적인 것으로서, 혹은 그 부속물로서 서문이 있다는 관점이다. 하지만 나는 이런 관점에 동의하지 않는다.

서문은 책의 밖에 있기도 하고 안에 있기도 하다는 것이 내 생각이다. 모호하게 들릴지 모른다. 하지만 바로 이 모호함이 서문의 독특한 위상과 고유성을 말해 준다. 서문은 책의 연장선상에 있다는 점에서 책의 '안'이다. 이 점은 물질적 존재로서의 책의 편집 상태에서 쉽게 확인된다. 서문은 책 표지의 안쪽, 즉 책의 내부에 자리하고 있다. 그렇기는 하나 서문이 끝나면 책의 목차가 나오고, 이어서 책의 본문이 시작된다. 이 점에서 서문은 '본래적 책'과는 구별되며 그 바깥에 있다고 말할 수 있다.

이처럼 서문은 안과 밖의 동시성, 즉 책의 안과 밖에 동시에 걸터앉아 있다는 특성을 보여 준다. 이 동시성에서 서문 글쓰기의 애매함과 어려움이 유래할 뿐 아니라, 그 묘미가 담보된다.

서문의 위상을 이렇게 규정할 경우 서문은 책을 '완성'한 뒤 쓰는 것이라고 말할 수 없다. 왜냐하면 서문은 책의 안에 있는 것이기도 하므로 서문을 쓰기 전에는 책이 완성된 것이 아니기 때문이다. 다시 말해 서문을 씀으로써 책은 비로소 완성된다. 서문을 쓰기 전까지는 책은 아직 미완성 상태다. 이 점에서 서문은 어떤 의미에서 책 쓰기의 화룡점정(畵龍點睛)이다. 그러니 서문은 허투루 쓸 수 없으며, 책을 쓸 때의 긴장을 유지한 채 자신을 글쓰기의 최전선에 내세우지 않으면 안 된다.

서문이 책의 화룡점정인 것은 그것이 책의 내부에 존재하기 때문이지만, 화룡점정이 궁극적으로 가능한 것은 서문이 동시에 책의 외부에 존재하기 때문이다. 서문은 책의 밖에 있기에 메타적 시각을 획득한다. 가령 학술서의 경우 저자는 책 안에서 철저히 학자로서의 페르소나를 견지한다. 이는 장점도 있지만 한계도 있다. 학자로서의 경계 안에서만 목소리를 발해야 하기 때문이다. 이 때문에 학자이기 이전의 인간으로서의 실존이나 시민으로서의 목소리는 억제된다. 하지만 책 밖의 존재인 서문에서 저자는 이제 꼭 학자로서의 페르소나에 (그것도 특정한 주제와 연계된) 갇힐 필요는 없으며, 학자와 한 인간으로서의 페르소나를 동시에 가질 수 있다. 바로 이 때문에 저자는 책에서 학자로서의 페르소나로 인해 말하지 못했던(말할 수 없었던) 것을 서문에서는 말할 수 있다. 서문이 책의 본문과 달리 메타적 언어를 구사할 수 있음도 이에 연유한다.

서문에서는 이처럼 두 개의 페르소나로 인해 책의 서술과 달리 때로는 자유롭고 때로는 진솔하며, 때로는 정직한 고백과 반성을 할 수도 있고, 자기 내면의 고뇌를 토로할 수도 있으며, 공부길과 학문 행위에서의 실존적 고민을 하소연할 수도 있다. 요컨대 반성은 물론 반성의 반성까지 가능해지는 것이다. 헤겔식으로 말하면 나의 정신, 나의 자아는 이에 이르러 즉자(卽自)와 대자(對自)를 넘어 양자가 통일된 즉자대자(卽自對自)에 올라서게 된다.

이 때문에 서문 글쓰기는 책의 내용을 되풀이하는 데 만족하지 않고 책 전체를 부감(俯瞰)하면서 그 방향성을 정위(定位)하기도 하고, 그 한계를 정시(呈示)하기도 하며, 그 의의를 포착해 제시하기도 한다. 이를 통해 책의 성격이 더욱 명료해지고, 책에 내재된 의식이 한층 더 고양된다.

저자가 자신의 학문 도정을 되돌아보며 이 책이 자신의 학문 행위에서 어떤 위치에 있는지를 톺아보거나, 자신이 속한 학문 지형 속에서 책의 성과를 객관화할 수 있는 것도 서문이라는 글쓰기가 책의 안에 있으면서 동시에 책의 밖에 있기에 가능한 일이다.

뿐만 아니라, 서문에서는 책의 본문에서와 달리 학문적 자아에 겹쳐 실존적 자아나 시민적 자아가 등장해 그 책을 다른 각도에서 반추할 수도 있으며, 그 책에 사회적·정치적 맥락을 부여할 수도 있다. 이는 책의 본문에서는 전연 불가능한 일들이다. 책의 완성 뒤에 서문이 첨부되는 것이 아니라, 서문을 기다려 '비로소' 책이 완성되고 끝난다는 사실이 이에서도 확인된다. 그러므로 서문은 이른바 "말하지 않아도 되는 말"이 아니다. 이런 규정은 책의 본문과는 그 존재론적 성격을 달리하는 서문의 고유성을 정당하게 통찰하지 못한 때문으로 여겨진다.

  책의 서문을 추려 내어 본서와 같은 서문 모음집을 내는 것이 가능한 것도 서문이 책의 안과 밖에 동시에 존재함으로써다. 서문의 이런 독특한 존재 특성으로 인해 본서는 비단 저자가 그동안 저술한 책들에 대한 하나의 충실한 안내서 역할에 그치지 않고, 학자이자 동시대를 살아가는 한 인간으로서 저자의 이상과 가치 지향, 고뇌와 분투를 보여 주리라 생각된다.

  서문집을 내면서 차제에 서문 글쓰기에 대한 내 오랜 생각의 일단을 여기 펼쳐 보인다.

2025년 9월 7일 저녁, 박희병

차
례

	기획자의 변(辯)	5
자서 1	서문집을 내며	7
자서 2	서문은 책의 '안'인가 '밖'인가	12
	일러두기	22

제1부
저서

1	한국고전인물전연구	25
2	조선후기 전(傳)의 소설적 성향 연구	29
3	한국한문소설	34
4	한국전기소설의 미학	37
5	선인들의 공부법	44
6	한국의 생태사상	52
7	운화와 근대	58
8	한국한문소설 교합구해	64
9	연암을 읽는다	75
10	연암산문정독	84
11	거기, 내 마음의 산골마을	90
12	유교와 한국문학의 장르	100
13	저항과 아만	106
14	연암산문정독 2	113
15	연암과 선귤당의 대화	116
16	나는 골목길 부처다	120
17	범애(汎愛)와 평등	124
18	능호관 이인상 서화평석 1·2	130
19	한국고전소설 연구의 방법적 지평	137

20	18세기 통신사 필담 1	141
21	통합인문학을 위하여	146
22	엄마의 마지막 말들	151
23	능호관 이인상 연보	158
24	한국고전문학사 강의 1·2·3	162
25	김시습, 불교를 말하다	170

제2부
번역서

1	나의 아버지 박지원	177
2	베트남의 신화와 전설	180
3	베트남의 기이한 옛이야기	182
4	고추장 작은 단지를 보내니	186
5	우리고전 100선	188
6	말똥구슬	191
7	천년의 우리소설	193
8	골목길 나의 집	199
9	종북소선(鐘北小選)	204
10	능호집	208
11	절화기담, 순매 이야기	211
12	포의교집, 초옥 이야기	214

제3부
편집서

1 벗이여, 흙바람 부는 이곳에   221
2 차라리 밤을 기다리며   227
3 노신(魯迅) 선생님   229
4 우리가 우리에게   232
5 그러나 이제는 어제의 우리가 아니다   235

제4부
기타

1 교주 증보조선소설사   243
2 민족문학사연구소 창립 취지서   250
3 성산학술상 수상 소감   253
4 나의 첫 책   258
5 도남학술상 수상 소감   263

발문
경계인의 올곧은 자의식과 사유의 힘 – 권성우   273

서문 중 감사의 말에 언급된 분들   296

일러두기   - 시간순으로 글을 배열했다.
          - 헌사가 있는 경우 서두에 제시했다.
          - 후기나 발문은 후기나 발문임을 밝혔다.

제1부

저서

1 한국고전인물전연구

한길사, 1992

동아시아에는 전통적으로 서양의 전기(傳記, biography)에 해당하는 '전'(傳)이라는 장르가 있었다. '전'은 그 하위 장르를 다시 몇으로 나눌 수 있지만, 가장 중심적이고 중요한 것은 '인물전'이다. 인물전은 실존했던 인물의 삶을 서술한 전을 말한다. 우리나라의 전통적 인물전은 그 연원이 대단히 오래여서 멀리 삼국 시대까지 소급될 수 있다. 인물전은 조선조 말까지 계속 발전하고 성행했다.

　전통적 인물전은 그 특유의 역사철학과 미학적 원리에 따라 아주 간결한 필치로 대상 인물의 본질을 간명히 그려 낸다. 이 점에서 인물전은 요즘의 전기와는 사뭇 다르며, 독특한 묘미가 있다. 인물전 중에 높은 예술성을 구비한 작품이 많은 것도 이와 관련된다.

　저자가 우리나라 인물전의 본격적 연구에 착수하게

된 것은 1986년 봄부터였다. 이 무렵 학계에는 이 분야에 관한 관심이 고조되고 있었으며, 일부 연구자들이 산발적으로나마 연구 성과를 내놓고 있었다. 그러나 연구는 『삼국사기』 열전과 허균이나 박지원의 전(傳)에 주로 한정된 것이었고, 우리나라 인물전의 전체가 연구 대상이 되지는 못하고 있었다. 또한 그 관심도 주로 '전'의 양식적 특성을 해명하는 데 맞추어지고 있었을 뿐, 인물전의 전모를 드러내고자 하는 문제의식을 보여 주는 연구는 없었다.

이런 연구사적 현실을 감안하여 저자는 크게 두 가지 점을 해명하는 데 목표를 설정하고 몇 년간의 연구 계획을 세웠다. 그 하나는 우리나라 인물전의 전개 과정을 '통시적'으로 정리하는 것이고, 다른 하나는 작품에 대한 '가치 평가'를 시도하는 것이었다. 양립하기 어려울 듯한 이 두 가지 일을 저자는 동시에 수행하고 싶었다.

그런데 인물전의 존재 양상을 통시적 좌표와 공시적 좌표의 두 축 위에서 뚜렷이 드러내기 위해서는 특정 시기에 창작된 유사한 작품들을 한데 묶어 다루는 것이 유리하다고 생각되었다. 그것은 무엇보다 시간과 힘을 아낄 수 있는 방법이었다. 이런 이유에서 인물 유형에 따른 접근 방법이 선택되었다. 기실 인물전에 오른 사람들은 몇 가지 인간 유형으로 환원될 수 있기에 이러한 접근법은 자료의 실상과도 잘 부합된다. 이와 같은 목표와 방법하에 크게 '고려 후기', '조선 전기', '조선 후기' 세 시기의 인물전에 대한 연구를 진행하고 그 결과를 여기 저기 발표했다. 본서에 실린 글들은 마지막 한 편을 제외하고는 모두 그 성과를 모은 것이다.

인물전에 관한 저자의 연구는 직접적으로 두 가지 관심 때문에 촉발되었다. 그 하나는 '서사'(narrative)에 대한 관심이고, 다른 하나는 역사와 인간에 대한 관심이다. 저자는 일찍부터 소설과 야담에 흥미를 느껴 공부해 왔는데, 그 과정에서 인물전이 소설 및 야담과 인접한 장르로서 한편으로는 공존하고 다른 한편으로는 서로 넘나들며 대단히 밀접한 관련을 맺어 왔다는 사실을 확인할 수 있었다. 특히 조선 후기 서사문학은 흥미롭게도 여러 장르의 혼합과 복합, 상호 간의 교섭을 보여 주는바, 이를 규명하기 위해서는 인물전에 대한 연구가 불가피하다고 여겨졌다.

한편 인물전을 통해 역사의 격랑을 헤치며 삶을 살아간 다양한 사람들의 모습과 숨결을 느낄 수 있다는 점이 저자를 인물전의 연구에 몰입하게 만든 또 다른 계기가 되었다. 정식의 역사 기술에 등장하지 않는, 아니 등장할 수 없는 평범한 사람들의 삶의 자취와 고뇌, 그들의 비애와 결단, 높은 기백과 자긍심, 삶에 대한 진지하고도 엄숙한 자세, 죽음에 임하는 그 결연한 태도 등에서 저자는 역사와 인간의 삶에 대해 많은 것을 생각하고 느끼고 배울 수 있었다. 매번 새로운 인물과 만나면서 그 삶의 깊은 내면을 엿보고 그들과 희로애락의 감정을 함께한다는 것이 저자에게는 대단히 즐겁고 보람 있는 일이었다.

그런데 본서의 관심은 이 두 가지 중 주로 두 번째의 것에 향해져 있다. 그것은 인물전을 인물전 그 자체로서 읽어 나가는 쪽에 해당한다. 첫 번째 관심, 특히 인물전의 소설사적 연관에 대해서는 별도의 작업을 진행 중이다.

1991년 8월

2 조선후기 전(傳)의 소설적 성향 연구

성균관대학교 대동문화연구원, 1993

이 책은 '전'(傳)과 '소설'(小說)의 관련에 대한 장르론적 해명을 목표로 삼고 있다.

저자는 최근 몇 년 동안 전(傳)에 관한 연구에 주력해 왔는데, 그것은 크게 두 방향에서 진행되었다. 하나는 전에 대한 '인간학적' 연구요, 다른 하나는 '장르론적' 연구였다. 전자의 성과는 이미 『한국고전인물전연구』라는 책으로 출간되었으며, 이제 후자의 성과가 이 책으로 간행된다.

국문학 연구에 입문한 이래 저자는 늘 역사적 관심과 이론적 관심을 함께 가져왔으며, 이 두 관심을 결합시켜 보고자 하는 희망을 지녀 왔다. 사실, 이 두 관심은 분리되는 것이 아닐 터이다. 이론적 지향을 갖지 않는 역사적 연구란 한갓 사실의 나열이나 고증에 불과하기 마련이고, 거꾸로 역사적으로 정초되지 않은 이론적 연구는 자의적이거나 공허하기 마련이다. 그러나 이러한 원론의 타당성을 십분 인정한다 하더라도, 실제 연구에서는 그 작업의 성격에 따라 좀 더 역사적인 지향을 강하게 갖거나 좀 더 이론적인 지향을 강하게 갖는 차이가 나타날 수 있다. 이런 견지에서 『한국고전인물전연구』는 '역사적'인 것에 좀 더 관심을 기울였다면, 이 책은 '이론적'인 것에 좀 더 관심을 쏟았다고 말할 수 있다. 이런 차이야 있지만, 이 책들은 두 가지 관심을 아우르고자 한 저자의 평소 고심과 노력의 소산이며, 따라서 그 성과와 한계도 이런 각도에서 평가되기를 기대한다.

이 책은 조선 후기의 두 대표적 산문 장르인 전과 소설의 관련 양상을 해명하는 데 초점을 맞춤으로써, 전의 장르적 성격은 물론이고, 소설의 장르적 성격에 대한 이론적 인식을 확충하고 심화하고자 했다. 따라서 이 책은 꼭 전에 관한 연구에만 한정되는 것이 아니라, 소설 이론에 관한 연구이기도 하다. 더구나 기존의 소설 이론은 대체로 소설과 서사시, 소설과 설화를 관련지어 소설의 장르적 성격을 논의했다 하겠는데, 본서에서는 소설의 주요한 상대로 전을 내세워 양자를 다각적으로 비교 검토하면서 소설의 성격을 구명한바, 이러한 시도는 본서에서 처음 이루어졌다.

뿐만 아니라, 이 책은 전의 내부에 나타나고 있는 소설로의 전환 양상을 동태적으로 살펴, 하나의 장르가 다른 장르로 바뀌는 현상에 대한 장르론적 검토를 수행함으로써 하나의 장르와 그 인접 장르의 경계가 확고하지 않고 유동적이라는 인식에 도달하였다. 장르와 장르의 관계에서 제기되는 이런 문제들에 대해 본서는 아직 이론적 일반화를 꾀하고 있지는 않지만, 그럼에도 새로운 전망을 제시했다고 믿는다. 이것이 장차 기존의 장르론과 다른 새로운 장르론의 수립으로 이어질 수 있기를 기대한다.

전과 소설의 관계는 그간 학계의 한 쟁점이 되어 왔다. 그것은 한문학 연구자뿐 아니라 고전소설 연구자가 풀어야 할 커다란 난제였다. 저자 역시 이 문제에 관해 꽤 오랫동안 생각해 왔다. 그러므로 저자는 이 책으로 이 문제에 대한 나 나름의 답을 모색했다는 감회가 없지 않다. 이 책에서 도달한 결론은 간단하다고 할지 모르나, 그러한 결론에 도달하기까지에는 긴 사유와 많은 논증의 과정이 필요했으며, 또한 종래의 인식틀을 지양하고 새로운 인식틀을 만들어 내지 않으면 안 되었다. 따라서 저자는 독자들이 단지 이 책의 결론만이 아니라 저자의 사유 과정 전체를 음미해 주시길 당부한다.

조선 후기 '전'과 소설의 관련을 작품에 즉해 따지고 분석하는 일은 퍽 지루하고 인내심이 요구되는 작업이다. 국문학 연구는 단순한 주장이나 직관만으로는 '학'(學)으로 성립되기 어려우며, 반드시 논증의 과정을 거치지 않으면 안 된다. 본서에서 다루고 있는 논제에 대하여는 논증을 결(缺)한 채 여러 견해가 제기되어 있는바, 이들 견해의 시비를 가리면서 논의의 진전을 이루기 위해서는 논증의 과정이 필수적이다.

본서가 취하고 있는 방법을 혹 '기술적'(記述的, descriptive)이라고 여기는 독자가 있을지도 모르겠다. 하지만 그러한 판단은 저자의 본래 의도와는 거리가 멀다. 본서에서 이루어지고 있는 작품 분석의 근저에는 궁극적으로 인간과 세계의 관계에 대한 '인식론적' 및 '존재론적' 관심이 자리하고 있는바, 이를 기술적이라고 할 수는 없을 것이다.

또한 본서는, 장르가 갖는 자질이 단일하지 않고 다양하기 때문에, 오직 하나의 자질, 혹은 하나의 규준이나 정식(定式)만 갖고서 장르를 운위하는 것은 지나치게 단순한 태도라 보아 반대하고 있으며, 이런 이유로 실제 작품의 장르 분석 과정에서 작품이 지닌 여러 자질에 대한 다각적인 검토를 수행했다. 그러나 그렇다고 해서 하나의 장르가 갖고 있는 여러 자질들이 상호 연관성 없이 독립되어 있다는 입장을 취하고 있는 것은 아니다. 오히려 본서는 하나의 장르가 갖는 여러 자질들 간의 긴밀한 내적 연관에 대해 제II장에서 충분히 강조했으므로, 작품 분석 과정에서 매번 그 점을 다시 환기할 필요는 없었다.

본 연구로 인해 저자는 이제 다른 중요한 문제들로 관심을 옮겨 갈 수 있게 되었다. 전에 관한 연구는 이것으로 그치고, 앞으로 소설 이론, 소설사, 서사문학론 등에 관심을 쏟고자 한다. 뿐만 아니라, 우리 시대의 고민과 사상적 모색을 국문학 연구로 승화시키는 작업 또한 시도하고자 하며, 국문학 연구의 기존 관습에 얽매이지 않고 새로운 글쓰기의 방식을 모색하는 한편, 연구 영역을 확장해 가며 지적 활기를 잃지 않을 것을 스스로 다짐한다.

1993년 1월 31일

3 한국한문소설

한샘, 1996

　수년 전 한국고전문학연구회의 기획으로 한샘출판사에서 '고전문학 강의총서'를 발간하기로 했는데, 한문소설 분야가 나에게 맡겨졌다. 별로 내키지 않는 일이어서 고사하였으나, 여의치 않았다. 그래서 어쩔 수 없이 틈틈이 작업을 진행했는데, 생각보다 훨씬 성가시고 품도 많이 들었다. 게다가 그간 개인적으로 이런저런 신고(辛苦)를 겪게 되어 지속적으로 일을 하기 어려웠다. 그런 중에 이 책이 나와 색책(塞責)은 한 듯해 다행스럽게 생각한다.
　이런 종류의 '한문소설 선주서(選注書)'는 나의 과문 탓인지는 모르나 아직 간행된 게 없는 듯하다. 본서에 수록된 작품들은 이본(異本) 대교(對校)와 교감(校勘) 등 기본적인 원전 비평을 거쳤으며, 이미 주석이 이루어져 있는 몇몇 작품에 대해서는 기존의 업적을 참조하되 착오나 미비점은 보완하였다. 그러나 대부분의 작품은 본서에서 처음 주석이 이루어졌다.

이 책에는 내가 공부하는 가운데 찾아낸 새로운 한문소설 자료도 싣고, 또 야담계(野譚系) 소설도 수록했으므로 그 모양이 기존의 한문소설 선집과는 다소 다르게 되었다. 하지만 허투루 작품을 선정한 것은 아니며, 선주자(選注者) 나름의 고심이 있었음을 밝혀 둔다.

주석은 가급적 자세히 붙이고자 했으나 작업을 마쳐 놓고 보니 어떤 경우에는 너무 자세하고 어떤 경우에는 좀 소략한 듯해 스스로도 만족스럽지 않다. 독자들께서 잘 취사(取捨)해 주셨으면 한다.

한편 매 작품마다 간단한 해설을 붙이고 참고 사항을 일러두었는데, 그리 자세한 것이 아니다. 특히 참고 문헌은 나의 기억 속에 있는 것을 생각나는 대로 몇 개 언급한 것일 뿐 자세히 조사한 결과가 아니기 때문에 아주 엉성하다. 그러므로 중요한 논저이면서도 누락된 게 많으리라 생각한다. 그러나 이 방면의 논저 목록들이 최근에 더러 나왔으므로 자세한 정보를 얻고자 하는 분들은 그것을 이용하면 될 줄 안다.

어려운 여건 속에서도 괜찮은 한문소설 선주서를 찬(撰)하기를 희망했으나 결과가 꼭 만족스럽지는 않다. 분량이 넘쳐 일부 작품을 제외한 점 역시 애석하다. 특히 「운영전」(雲英傳)과 「주생전」(周生傳), 「옥루몽」(玉樓夢)의 한두 장회(章回)는 꼭 넣고자 했으나 여의치 못했다.

  이렇게 부족한 점이 없지 않으나 원전 비평을 거친 한문소설 선주서가 전혀 없는 우리의 현실에서 이 책이 비단 학부생이나 대학원생의 교재로서만이 아니라 전문 연구자에게도 기본적인 자료집의 역할을 하게 되기를 기대한다.

  이런 종류의 책에 늘 따라다니는 부담이지만, 본서 역시 착오가 적지 않으리라 여긴다. 독자 제현(諸賢)의 질정을 바란다.

1995년 2월 5일 밤
수유리 우마천지주(牛馬天地走)에서

4   한국전기소설의 미학

돌베개, 1997

헌사

이 책을 순수했던 청년 박병태에게 바친다.

저자는 이십 대 중반 야담(野譚) 연구를 통해 국문학 연구에 입문하였으며, 이후 전(傳)의 연구에 몰두하였다. 전기소설(傳奇小說) 연구에 착수한 것은 삼십 대 후반에 와서다.

    이 세 분야는 각기 독자적인 영역을 이루면서도 상호 밀접한 연관을 맺고 있다. 그 연관성을 발견한 것은, 대학원 시절 『청구야담』(靑邱野談)을 연구하면서 한국 한문 단편 소설의 세 가지 주요한 양식으로 야담계소설(野譚系小說), 전계소설(傳系小說), 전기소설(傳奇小說)이 있음을 알게 되면서였다. 그래서 저자의 연구는 자연스럽게 전과 전기소설 쪽으로 옮겨 갈 수 있었다. 그러나 이 세 분야의 연구를 염두에 두면서 그 대체적 구상을 처음 했던 이십 대 때에는 연구에 이처럼 많은 시간이 소요되리라곤 정말 꿈에도 생각지 못했었다. 몇 년 정도면 연구가 일단락될 것이고, 그러면 학부 시절부터 꿈꾸어 온 사상사 연구에 몰두하리라 생각하고 있었다.

지금 되돌아보면 저자의 이런 요량은 크게 잘못된 것이었다. '전'을 연구하는 데만 10년이 소요되었으며, 전기소설 연구에도 벌써 몇 년이 소요되었으니 말이다. '전'의 연구에 너무 시간을 보냈다는 후회가 없지 않지만, 그 성과의 미흡함을 생각하면 그런 마음을 가질 계제도 아니다. 스스로의 연구 생활에 대해 이런 후회와 반성이 없는 것은 아니지만, 이 책의 출간으로 인해 필자의 초심만큼은 그럭저럭 관철한 게 아닌가 스스로 위로한다. 이런 생각을 하며 이 글을 쓰노라니, 주자(朱子)가 읊조린 '소년이로학난성'(少年易老學難成)이라는 시구가 절실한 느낌으로 다가온다.

생각해 보면, 야담을 연구할 때는 야담의 마음이 되고, 전을 연구할 때는 전의 마음이 되며, 전기소설을 연구할 때는 전기소설의 마음이 된 듯하다. 그리하여 야담에서는 민중적 낙천성과 인정물태에 사로잡혔고, 전에서는 엄숙함을 배웠으며, 전기소설에서는 섬세함과 내면성을 감수(感受)하게 되었다. 이처럼 마음이 달라지는 건, 각 장르의 미적 특성과 관련이 있을 것이다. 그러나 다른 한편으론 달라지지 않는 마음 또한 있으니, 그것은 곧 '인간'과 '삶'과 '역사'에 대한 나의 관심일 터이다. 인간의 삶에 대한 역사적 관심은, 1970년대 중후반의 엄혹한 현실 속에서 황량하기 그지없는 대학 생활을 하면서 상처받고 단련된 저자에게는 거의 체질화되다시피 한 문제의식이 아닌가 싶다.

그동안 저자의 전기소설 연구는 크게 두 가지 작업 형태로 진행되어 왔다. 그 하나는, 문제를 제기하고, 논점을 확인하며, 기존의 견해를 비판하고, 그 대안의 얼개를 모색하는 작업이었다. 저자는 이 작업을 통해 거의 구상에 지나지 않는다 할 생각을 피력하기도 하고, 조야함을 무릅쓰고 문제를 보는 큰 틀과 시각을 제시하고자 하기도 하였으며, 실증적 논의를 앞질러 가며 연구의 방향을 제시하기도 하였다. 그 둘은, 작품 분석을 통한 본격적 작업이다. 이 두 번째 작업은 첫 번째 작업의 기초 위에서, 혹은 첫 번째 작업과의 상호 연관성 속에서 진행될 수 있었으며, 또 이 두 번째 작업을 통해 첫 번째 작업이 수정되거나 보완될 수 있었다.

이 책은 모두 2부로 구성되어 있는데, 제1부는 첫 번째 작업의 성과를, 제2부는 두 번째 작업의 성과를 수록하고 있다.

본서는 일관된 문제의식을 담고 있는바, 한국 전기소설의 이론과 역사에 대한 탐구가 그것이다. 이 작업은 궁극적으로 한국 전기소설의 '미학'을 해명하는 데 귀착된다. 책 이름을 『한국전기소설의 미학』이라 한 까닭이 이에 있다.

그리하여 본서에서는 한국 소설 발생의 문제를 이론적·역사적으로 재검토하고, 나려(羅麗) 시대 전기소설과 『금오신화』를 연속적으로 이해하는 관점을 마련했다. 이 과정에서 전기소설이라는 한 역사적 장르의 미학을 비교적 소상히 파악할 수 있었다. 전기소설과 설화의 관계든, 전기소설의 장르적 특성이든, 소설 발생의 문제이든, 나려 시대 전기소설과 『금오신화』의 관련이든, 『금오신화』의 미적 특성이든, 이 중 그 어느 논제이든 간에 본서의 글들은 모두 서로 깊은 연관성을 맺고 있다.

이 책에서 시도되고 있는 본격적인 작품 분석은 『금오신화』까지이다. 한국 전기소설의 이론과 역사를 연구할 때 이 시기까지가 제일 문제적임과 동시에 제일 어려움이 많은 게 아닌가 저자는 생각하고 있다. 소설의 장르 규정, 소설 발생의 문제를 비롯한 제 난관을 돌파함으로써 연구의 기초와 기본 관점을 대체로 이 시기까지의 고찰에서 확립해야 하기 때문이다.

게다가 나려 시대의 문헌들은 무척 정밀한 검토를 요하며, 『금오신화』는 사상성과 예술성에서 공히 한국

전기소설사의 기념비적 성취에 해당하기에, 조심스러움과 어려움이 가중된다.『금오신화』이후의 연구는 이제 여기서 마련된 기초와 시각에 의거해 수행될 수 있을 터이다. 이런 이유에서 일단 지금까지의 연구를 정리하고 보완하여 책으로 간행함으로써 삼가 대방가(大方家)의 질정을 받아 후속 연구에 도움을 구하고자 한다.

    이 책에 실린 글들은 모두 저자의 나이 마흔 전후에 쓰였다. 저자는 개인적으로 이 사실에 약간의 의미를 부여해 두고 싶다. 지금도 제대로 된 글은 아직 못 쓰고 있다고 스스로 생각하는 편이지만, 그나마 이 나이에 접어들면서 국문학의 자료나 작품에 깊은 애정 같은 것을 느끼게 되고, 머리만이 아니라 가슴으로 글을 읽을 수 있게 되었기 때문이다. 인문학의 본질이 원래 그런 것이겠지만, 많은 사람을 겪고, 또 절망과 희망과 체념의 무수한 반복과 그 응시로서의 삶의 체험이 보태지면서 국문학을 보는 눈도 조금씩 깊어져 가는 듯하다. 이 점에서 국문학 연구는 누가 뭐래도 역시 '삶의 문제'이자 '인간의 문제'라 여긴다.

    이 책에 실린 글들을 쓰면서 저자는 작중 인물인 최치원(崔致遠)이나 작가 김시습(金時習)의 마음속으로 들어갔다가 나오기를 여러 번 되풀이하였다. 그것을 통해, 감정 이입은 시인이나 소설가만이 아니라 연구자에게도 조금 다른 형태로이긴 하나 가능하고 필요하다는 사실을 깨닫는 기쁨을 맛보았다.

　전기소설은 작가가 세계를 해석하고 포착하는 하나의 독특한 미적 방식이다. 저자는 그 점을 가급적 섬세하게 드러내 보이고 싶었을 뿐 아니라, 그 점을 '나'대로 해석함으로써 거기에 '내' 사유의 흔적을 보태고 싶었다. 특히 전기소설의 서사 문법이 보여 주는 사랑과 죽음, 생과 세계에 대한 저자의 해석에는 저자의 감정과 가치 태도가 아주 은밀하게―흡사 그림자와 같은 것이어서 그 실체를 꼬집어 말할 수는 없다 할지라도―덧씌워져 있음을 부정하지 않는다. 적어도 이런 점에서 본 연구는 단순히 지식이나 사실 관계만을 따지는 '기술적'(記述的)인 태도에 고착되어 있지 않다.

　저자가 열망하는 것은, 작품이 말하는 진실과 연구자의 마음이 서로 유리되지 않고 '높은 수준에서' 통일되는 경지이다. 그것은 저 외줄타기처럼 아슬아슬한 일로서, 시시각각 긴장과 균형 감각이 요구된다.

　세기의 황혼에 출간되는 이 책이 만일 조금이라도 의미를 부여받을 수 있다면, 그 실증적 측면 때문이 아니라 바로 이 점과 관련해서이기를 기대한다. 그것은 전기소설이 시공간의 벽을 훌쩍 뛰어넘듯, 국문학 연구자의 정신이 시공간을 자유로이 넘나들며 과거의 정신과 대화하면서 어떤 정신적 융합을 이루는 데 대한 실낱 같은 가능성을 확인하는 일이 되겠기 때문이다.

1997년 2월 16일
수유리 우마천지주에서

5 선인들의 공부법

창작과비평사, 1998 / 창비, 2013 / 창비, 2024

초판 서문

나는 명색이 국학자다. 대학에 입학한 이래 학문을 한 지는 이제 스무 해가 넘었다. 그러나 공부한 햇수는 이보다 훨씬 더 많다. 다섯 살 적 유치원 다닌 시절부터 계산한다면 얼추 40년 가까이 된다. 그런데 나는 요즘 공부법을 놓고 아주 심각한 고민에 빠져 있다. 나의 공부법이 뭔가 크게 잘못됐다는 것을 깨닫기 시작한 것이다.

내가 그 점을 깨달은 것은 생태주의를 공부하면서부터다. 이즈음 나는 동아시아 사상의 전통 속에서 근대를 넘어서는 생태주의적 대안을 모색하는 작업에 몰두해 왔는데, 그 과정에서 내 학문을 떠받치고 있는 기초가 온통 서양 근대 학문이라는 사실을 뼈저리게 자각하였다. 사실 근대 학문이란 곧 '서양의' 근대 학문을 의미한다. 서양의 근대 학문은 전 지구적으로 보편적인 규범으로 통용되고 있다. 그런데 바로 이 근대 학문의 패러다임을 바꾸지 않는 한 새로운 삶, 새로운 세계관의 모색은 불가능하다.

새로운 학문론은 동서양의 학자들이 여러 각도에서 진지하게 모색해 나가야 할 터이다. 그런 다양한 가능성을 열어 두면서도, 우리는 우리가 속한 동아시아의 전통적 학문론에 우선적으로 주목할 필요가 있다고 본다. 동아시아의 전통적 학문론이라고 해서 긍정적인 요소만 있는 것은 결코 아니지만, 근대 학문을 쇄신하거나 극복하는 데 도움이 되는 전제나 생각들이 적지 않다.

동아시아 학문론은 우선 윤리적 주체와 지식을 분리하지 않는다. 주체는 지식 속에 내면화되며, 지식은 주체의 한 역동적 과정이다. 그래서 안과 밖, 몸과 마음이 통일적으로 이해된다. 더 나아가 천지 만물과 우주는 인간의 '몸-마음'과 서로 연결되어 있다는 전제 위에 서 있다. 그러므로 동아시아 학문론에서 지식은 죽은 지식일 수 없으며, 윤리적 주체의 심신(心身)과는 물론이려니와, 천지 만물의 역동적 움직임과 살아 있는 연관을 맺지 않으면 안 된다. 이 점에서 '체득'(體得), 곧 몸으로 깨닫는 것이 중시된다. 몸으로 깨닫는 것은 동시에 마음으로 깨닫는 것이다. 마음으로 깨닫는다는 것은, 그저 지식을 대상화하여 바라보는 것이 아니라 지식과 윤리적 주체를 통합함을 의미한다. 이것이 이른바 공부의 '활법'(活法)이다.
   그러므로 동아시아 학문론에서 말하는 학문이란 좁은 의미의 학문만을 의미하지 않는다. 오히려 '공부 일반'을 가리키는 아주 포괄적인 말이다. 오늘날의 맥락에서 본다면 그것은 전문 학자만의 전유물을 뜻하는 것이 아니라, 아동과 청소년, 장년과 노인 등 남녀노소가 자신의 인간적 완성을 위해 삶의 과정에서 불가피하게 수반하는 행위 일반을 가리키는 말로 해석할 수 있다. 이 때문에 동아시아 학문론에서는 삶의 과정 그 자체가 바로 공부의 과정이며, 삶과 공부는 별개의 것으로 분리되지 않는다. 이 점에서 일상생활의 언행을 비롯하여 세상을 살아가는 자세, 독서의 방법, 글쓰기의 원리, 마음을 다스리는 법, 몸가짐, 벗을 사귀는 법, 사물을 궁구하는 법 등 세계와 우주 내의 모든 일이 공부의 대상이자 공부의 과정이다. 특별히 전문적이거나 고상한 어떤 영역만이 공부의 대상은 아니다.
   이런 견지에서 보면 공부란 특별한 것이거나 억지로 해야 하는 것이 아니며, 살아 있는 동안 끊임없이 해 나가면서 그것을 통해 자신의 인격을 향상시키고, 세상을 밝히며, 인간과 우주의 도(道)를 깨달아 가는 과정이다. 이 책의 제목에서 굳이 '학문'이라는 말을 피하고 '공부'라는 말을 쓴 까닭이 이에 있다.

이 책에는 중국과 우리나라의 옛사람들 가운데 공부에 있어 크고 훌륭한 성취를 보여 준 분들의 글을 주로 수록했다. 자세히 읽을 경우 그 내부에 다시 학문론의 차이가 없는 것은 아니지만 그러한 차이에도 불구하고 위에서 지적한 바와 같은 동아시아 학문론의 공통적 기반 위에 서 있다는 점만큼은 분명하다.

아무쪼록 이 책이 공부와 학문에 대한 우리의 생각을 바꾸고 새로운 공부법을 모색하고자 하는 사람들에게 약간의 도움이 되었으면 한다. 새로운 공부법이야말로 세상을 새롭게 열어 나가는 중요한 단서가 된다고 생각하기 때문이다.

1997년 세밑에

개정판 서문

 이 책을 낸 지 어언 16년이 됐다. 당시 쓴 서문에서 나는 얼추 40년 가까이 공부했노라고 말했지만, 그사이 공부한 햇수가 늘어 이제 근 60년을 바라본다. 햇수가 늘어도 공부는 크게 늘지 않고 공연히 세상에 대한 근심만 커지고 있다.
 이 책은 한국이 외환 위기를 맞은 직후 간행되었다. 외환 위기는 한국인들에게 상반되는 두 가지 태도를 낳았다. 하나는 배금주의와 냉혹한 이기주의이고, 다른 하나는 성장주의와 시장 만능주의에 대한 비판적 성찰이다. 대다수 한국인은 전자의 태도를 보여 주고 있으며, 후자는 극히 소수인 것처럼 관찰된다. 이 두 태도는 공부법도 다르게 마련인데, 이 책의 공부법은 후자와 내밀하게 관련되어 있다.
 그러므로 타인을 지배하기 위해서나 타인 위에 군림하기 위한 공부, 경쟁에서 남을 이기려는 공부, 출세하기 위한 공부, 돈을 많이 벌고 부귀영화를 얻기 위한 공부, 오로지 이른바 좋은 대학 좋은 학과에 들어가기 위한 공부, 남이야 무슨 고통을 겪든 자기만 잘살면 된다는 일념으로 하는 공부, 지식을 얻기 위한 공부나 실용을 위한 공부는 이 책과는 무연하다.
 이 책의 공부법은, 가령 눈 내리는 막막한 벌판에 홀

로 서서, '나는 누구인가', '나는 어떤 식으로 이 유한한 생을 살아야 옳은가', '나는 어디로 가야 하는가'라고 문득 스스로에게 절실히 물을 때 비로소 의미를 갖게 되는 그런 공부법이 아닌가 한다. 하지만 부나비가 불로 뛰어들 듯 모두가 돈과 세속적 성공만을 위해 질주하는 이 상황에서 과연 누가 눈 내리는 막막한 벌판에 홀로 설 것인가.

2013년 세밑에

새로 펴내며

 이 책에서 말하는 '공부'란 시험공부나 입시, 자격증 같은 것을 따기 위한 공부가 아니요, '나'의 인간다운 삶을 위한 공부다. 그러니 이른바 '실용'과는 거리가 먼 공부다. 실용이 우리가 살아가는 데 중요하다는 점은 말할 나위도 없다. 그렇긴 하나 실용이 삶의 전부는 아니다. '나'의 삶을 온전히 제대로 살기 위해서는 실용의 '밑바닥', 혹은 실용의 '저 너머'에 있는 '무용'(無用)에 눈을 뜰 필요가 있지 않을까. 실용이란 것 역시 무용의 참되고 넓은 바닷속에서 비로소 의미가 있을 터이니, 그렇지 않다면 자칫 맹목과 자기 상실로 이어질 수 있을 것이다.

 요컨대 이 책에서 말하는 공부는 실용을 위한 공부가 아니라 무용을 위한 공부다. 무용은 실용의 '근원'이며 실용의 '피안'(彼岸)이다. 하지만 요즘 출판된 책들을 보면 여전히 실용에 관한 책은 넘치고 무용에 관한 책은 드문 듯하다.

 실용의 공부와 달리 무용의 공부는 '진정한 나'를 찾기 위한 공부다. 그러므로 이 공부는 '나의 삶 전체'와 연관을 맺고 있다. 그래서 책상에 앉아 책을 읽는 것만이 공부가 아니요, 밥 먹고 잠자고 생각하고 말하고 사람들과 관계 맺고 만나고 헤어지고 길을 가고 하릴없이 누워 있고 고민하고 한탄하고 절망하고 화내고 슬퍼하고 아파하고 기뻐하고 늙고 죽어 가는 것, 이 모두가 공부와 무관하지 않다. 이렇듯 이 공부는 나의 삶과 조금도 분리되지 않는다.

얼마 전 창비에서 오래전에 나온 이 책을 젊은 세대의 감각에 맞게 개정하고 싶다는 뜻을 전해 왔다. 이에 나는 출판사와 의논해 책의 제목을 『선인들의 공부법』에서 『자신을 속이지 않는 공부』로 바꾸고 목차를 수정했으며 본문 내용도 조금 손보았다. 아무쪼록 이 책이 내 삶의 '존엄성'을 되찾고자 하는 분들에게 작은 도움이 되기를 바라 마지않는다.

2024년 9월

6   한국의 생태사상

돌베개, 1999

헌사

어린 시절 깊은 산골에서 마음껏 뛰놀게 해 준 나의 부모님께
새로운 문명과 삶을 갈구하는 모든 이들에게
유년의 기억 속에 소리·빛깔·냄새·감촉으로 또렷이 존재하는 사라져 가는 아름다운 것들—메뚜기, 청개구리, 메기, 부엉이, 개미귀신, 방게, 장수하늘소, 푸른 눈을 한 왕잠자리에게
이 책을 헌정한다.

이 책은 한국의 전통 사상에 내장(內藏)되어 있는 생태주의적 사유를 탐색하기 위해 집필되었다.

나는 이십 대 이래 자본주의 체제에 대해 비판적이었지만, 아직 생태주의적 전망을 갖지는 못했었다. 인간과 세계를 보는 나의 관점은 주로 변증법 철학에 의거하고 있었다. 그러나 80년대 후반 무렵부터 나는 인간과 자연의 관계에 대해 깊이 생각하게 되었으며, 그것을 통해 인간에 대해 재사유(再思惟)하기 시작했다. 말하자면 이 시기 이전에는 사회적·정치적 연관 속에서만 인간을 보았으나, 이 시기 이후, 인간을 이해하기 위해서는 '자연적' 연관에 대한 고려가 필수적이라는 사실을 깨닫게 된 것이다.

생각의 이러한 전환 혹은 확장은 갑작스럽게 찾아온 것이라기보다 그전부터 서서히 진행되어 온 것이라고 해야 옳을 듯하다. 80년대에 들어와 한국의 생태적 조건은 급속도로 나빠져 갔으며, 나는 주변의 가까운 사람들이 환경 오염과 인과관계가 있다고 추정되는 신체 면역 체계의 이상으로 고통을 겪는 것을 지켜봐야만 했다. 이런 현실에 직면하여 나는 종전에 갖고 있던 생각이나 태도들을 대거 수정하지 않으면 안 되었다. 생활 자세는 물론이려니와, 학문의 목적과 방법도 예외는 아니었다.

그러나 기존의 학문을 생태주의적인 방향으로 새롭게 정위(定位)한다는 것은 쉬운 일이 아니었다. 나는 몇 년 동안 길을 찾을 수 없었다. 그러던 중 홍대용(1731~1783)을 만났다. 90년대 초였다. 나는 그와의 대화를 통해 비로소 어렴풋하게나마 길을 발견할 수 있었다. 그러므로 이 책은 홍대용과의 만남이 직접적 계기가 되어 이루어졌다고 할 수 있다.

저자는 이 책의 각론에서, 이규보·서경덕·신흠·홍대용·박지원 다섯 사람의 사상을 검토했다. 이규보는 고려 중엽인 12세기 말의 인물이고 박지원은 조선 후기인 18세기 후반의 인물이니, 그 상거(相距)가 600년쯤 된다 하겠다. 이 다섯 인물은 비슷하면서도 서로 다르고 서로 다르면서도 비슷한 면을 보여 주지만, 심원하면서도 풍부한 생태적 사유를 보여 준다는 점에서는 일치한다.

이규보가 우리에게 만물이 근원적으로 하나라는 '만물일류'(萬物一類)의 가르침을 준다면, 서경덕은 삶과 죽음에 대한 심오한 자연철학적 성찰을 보여 주며, 신흠은 학문이 단순한 지식 추구가 되어서는 안 되며 생(生)과 세계에 대한 정신적 깨달음과 연결되어야 한다는 점을 설파하고 있다. 그런가 하면, 홍대용은 광대한 우주적 차원에서 인간과 물(物)이 대등하다는 이른바 '인물균'(人物均)의 사상을 제기하고 있으며, 박지원은 도를 깨닫는 마음이라 할 '명심'(冥心)에 대한 강조와 글쓰기에 대한 혁신을 통해 인간·사회·자연을 통합하고자 하였다.

과거 한국의 사상가들 중 이 다섯 인물만이 생태적 사상을 보여 주는 것은 아니다. 그럼에도 본서에서 이 다섯 인물만을 다루게 된 것은, 우선 저자의 개인적 취향이 반영된 면이 있고, 저자의 공부가 그리 넓지 못하다는 점이 또 다른 이유다. 그렇기는 하지만, 한국의 전근대 사상가 가운데 본서에서 다룬 다섯 인물만큼 깊고 근원적인 생태적 성찰을 보여 주는 인물도 흔치 않으리라 본다.

이 책은 생태사상을 다루고 있음에도 불구하고 시학(詩學)과 문예론에 대해 각별한 관심을 쏟고 있다. 이는 저자가 문학·예술과 생태적 마음 간에는 어떤 본질적 연관성이 있다는 생각을 갖고 있기 때문이다. 예술이나 글쓰기는 그 향방에 따라서는 생태주의를 확산하고 고양시키는 하나의 주요한 생활적 실천이 될 수 있을지 모른다는 한 가닥 희망을 저자는 품고 있다. 이 책에서 다루고 있는 다섯 인물에게서 그 근거를 발견할 수 있다.

동아시아 사상에 내재되어 있는 생태사상에는 '사회적 연관'이 결여되어 있다고 생각하기 쉽다. 만일 동아시아 사상에 그런 경향이 있다면 그것은 비판받아야 마땅할 터이다. 그러나 이 책에서 다룬 인물들은 그 누구도 폐쇄적으로 개인의 내면적 깨달음만 추구하지 않았으며, 모두가 우주적 깨달음과 사회적 비판을 결합시키고 있다. 자연철학과 사회철학의 통일을 선구적으로 시현(示現)하고 있는 셈이다.

저자는 이 글의 서두에서 이 책이 한국의 전통 사상에 내장된 생태주의적 사유를 탐색하기 위해 집필되었다고 감히 말한 바 있다. 저자로서는 정성을 다했지만, 막상 출판을 앞두고 다시 읽어 보니 미흡하거나 불만스러운 점이 한둘이 아니다. 그러나 고쳐 생각하면 애당초 저자가 하고자 한 작업은 어떤 체계를 구축하거나 지식의 성(城)을 쌓는 일이 아니었으며, 따라서 완결이니 완성이니 하는 것도 있을 수 없는 일이 아닌가 싶다. 그렇다고 한다면 이 책에 제시된 약간의 단서들이, 새로운 세계관의 형성에 조금이나마 보탬이 되고, 또 혹 저자처럼 길을 찾는 사람들에게 작은 참조라도 된다면 그것으로 족한 일이 아닌가 생각된다.

이제, 이 책의 읽기와 관련해 한두 마디 언급해 두고자 한다.

동아시아 사상에 어느 정도 조예가 있는 분이라면 차례대로 글을 읽는 것이 좋겠지만, 그렇지 못한 독자라면 이 책의 총론을 읽은 다음, 제1부에서는 「이규보에게서 배우는 생태적 정신」, 제2부에서는 「서경덕의 철리시」, 제3부에서는 「신흠의 자연시학」, 제4부에서는 「홍대용 사상에 있어서 물아의 상대성과 동일성」, 제5부에서는 「박지원의 산문시학」부터 먼저 읽는 것이 좋으리라 생각한다.

저자는 되도록 알기 쉽게 글을 쓰려고 나름대로 노력했지만, 쉬운 일이 아니었다. 무엇보다도 한자어로 된 전문 용어와 개념어들이 문제였다. 하지만 전문 용어와 개념어를 우리말로 길게 풀어 말하는 것이 능사는 아니라고 생각되었다. 개념어는 그 자체로 사유되어야지, 풀어 말하면 이미 그 본뜻과 거리가 생기게 된다. 이런 점을 감안한다면, 쉬운 글을 쓰고자 하는 노력만 필요한 것이 아니라, 지적 수준의 향상 또한 필요하다 할 것이다. 이 책에서는 절충적인 입장을 취해 본문 중의 어려운 말들에 대한 풀이를 괄호 속에 해 주었다. 출판사의 요청에 따른 것인데, 아무쪼록 일반 독자들에게 도움이 되었으면 한다.

   이 책의 제1부에 실린 「이규보에게서 배우는 생태적 정신」은 연전에 민족문학작가회의가 개최한 심포지엄에서 발표한 글인데, 구어체로 되어 있어 이질적인 느낌을 주며, 그 때문에 책의 일관성을 손상시킬 우려가 있다. 뿐만 아니라 이 글은 이규보에 관한 다른 두 편의 글과 일부 중복되는 내용을 포함하고 있다. 이런 점을 알면서도 굳이 수록한 것은, 이 글이 이규보에 관한 다른 두 글과 긴밀한 보완 관계에 있어 이 글이 없으면 다른 두 글의 의의가 반감된다고 판단해서다. 독자들께서는 책의 체재나 격식보다는 글이 담고 있는 메시지에 주목해 주셨으면 한다.

1999년 5월 18일

7　운화와 근대
최한기 사상에 대한 음미

돌베개, 2003

　최한기 사상에 대한 종전의 연구는 주로 그 근대적 성격을 규명하는 데 주안을 두어 왔다. 이 경우 '근대적'이란 당연히 '역사적 근대'를 염두에 둔, 더 정확히 말해 역사적 근대에의 합치를 염두에 둔 규정이다. 그러므로 그것은 의식적이든 무의식적이든 가치를 전제하고 있을 뿐 아니라 사고와 판단의 잣대가 된다.

　오늘날의 입장에서 볼 때 그간 진행되어 온 역사적 근대를 무시하는 것은 있을 수 없는 일이다. 그것이 갖는 문제는 문제대로 철저히 인식하지 않으면 안 되지만 그와 동시에 리얼리즘의 정신으로 그 경과를 읽어 나가는 태도 역시 긴요하다. 적어도 이런 점에서는 최한기 사상과 역사적 근대의 관련을 따지고 음미하는 일은 필요하고도 적절한 일이 아닌가 생각된다. 그러나 이 점을 인정한다고 해서 오로지 역사적 근대를 기준으로 삼아 최한기의 사상을 평가하는 태도가 정당화될 수는 없다. 이런 태도로 최한기 사상에 접근할 경우 우리는 최한기 사상의 어떤 측면은 역사적 근대에 합격인 데 반해 다른 어떤 측면은 역사적 근대에 미달한다는 식의 결론에 이를 수밖에 없다. 이런 연구가 완전히 쓸데없는 연구라고는 결코 말할 수 없겠지만, 그럼에도 이런 연구 방법은 최한기 사상의 총체적 면모, 그 온전한 실상을 파악하는 데 그리 유용한 방법이라고는 말하기 어렵다. 왜냐하면 이런 연구는 그 방법적 제약으로 말미암아 역사적 근대라는 기준으로는 포착되지 않는 어떤 의미 있는 사상소(思想素)들을 다 놓쳐 버리고 말기 때문이다.

그뿐만이 아니다. 이런 연구는 역사적 근대에 접근해 가는 최한기 사상의 계기들 자체에 대해서도 대체로 일면적이거나 평면적인 파악에 그쳐 버린다는 점에서 또한 문제다. 왜 일면적인가? 근대성의 계기가 갖는 의의만 현상적으로 확인하고 있을 뿐 그런 의의와 모순적 통일을 이루고 있는 제반 문제점에 대해서는 검토하려 들지 않기 때문이다. 이런 점을 반성한다면 지금부터의 최한기 연구는 '근대 확인적' 관점이 아니라 '근대 성찰적' 관점에서 전개될 필요가 있다. 근대 성찰적 관점은 역사적 근대를 직시하면서도 그 문제점을 동시에 읽고자 하며, 더 나아가 역사적 근대와는 다른 근대 기획 = 근대 구상의 가능성을 열어 둔다는 점에서 근대 확인적 관점과 구별된다. 이 점에서 근대 성찰적 관점은 단순히 근대의 '추인'에 그치지 않고 근대의 '극복'을 향한 모색에도 일정하게 기여할 수 있지 않을까 생각한다.

본서는 이런 방법적 고민을 밑에 한 채, 21세기의 우리가 최한기 사상에서 배울 점은 무엇인가, 최한기의 사상에서 지금도 유의미하고 현실적인 부분은 어떤 것인가, 21세기 한국의 사상적·실천적 진로 모색에 있어 최한기 사상에서 얻을 수 있는 교훈은 무엇인가, 이런 몇 가지 물음에 대해 약간의 답을 찾아보고자 했다.

선승(禪僧)의 말 가운데 "네 콧구멍으로 숨을 쉬어라!"는 말이 있다. 이 말투를 흉내 낸다면, 나는 이 책에서 '남의 혀가 아닌 내 혀로' 말하고 싶었다. 그렇기는 하나 자기 혀로 말한다는 건 얼마나 어려운 일인가. 그러므로 사람들은 흔히 의심스러운 외적 권위에 의존하면서도 우쭐대는 모습을 보이곤 하는 것이다. 하지만 호가호위적(狐假虎威的) 글쓰기는 이른바 본지풍광(本地風光)과는 거리가 멀뿐더러 진실되지도 못하다.

또 하나, 이 책을 집필하면서 내가 고민한 점은, 어떻게 하면 '해석'이, 왜곡이 아닌 채로 '창조적 전망'으로 사뿐히 넘어갈 수 있을 것인가 하는 점이었다. 오늘날 한국학의 상황을 보면, '해석'은 다만 해석으로 그치든가 아니면 자의적 왜곡을 보이든가, 이 두 가지 극단적 현상이 두드러진다. 전자는 자료에 대한 충실성을 강조하나 기실 문제의식의 부족으로 인해 해석 그 자체도 부실한 경우가 적지 않으며, 후자는 대개 기초적 소양과 훈련의 부족으로 엄밀성이 떨어지고 이를 현란한 수사나 공허한 논리, 과대 포장 등으로 가리려는 경향이 있다. 이 두 가지 모두 한국학의 인문학적 미래를 어둡게 하는 것으로 나는 생각한다. 나는 이 책이 이 둘 가운데 어디에도 속하지 않기를 희망한다.

하지만 설사 능란하지는 않으나 떠듬떠듬 자기 혀로 말하고 있다 할지라도, 그리고 해석과 창조가 그런대로 결합되어 다행히 작위(作爲)도 아니고 무작위(無作爲)도 아닌 그런 면모를 보인다 할지라도, 그것으로 충분한 것은 아니다. 정말 중요한 것은, '현실과 사유'가 얼마나 치열한 긴장 속에서 서로 대결하고 있는가의 여부가 아닐까? 이 점에 의해서만 학문은, 그리고 모든 지적 작업은, 참된 의미에 있어서 진지함과 깊이를 가지면서 그 본래면목(本來面目)을 보여 줄 수 있는 게 아닐까? 그러므로 나는 학문의 어려움, 글쓰기의 어려움을 다시 생각하게 된다.

모든 사상이 다 그렇겠지만 최한기의 사상에도 장점이 있는가 하면 문제점이 있다. 나는 이 책에서 내가 할 수 있는 한 끈질기게 최한기 사상의 문제점을 파헤치며 그것을 비판하고자 노력했다. 그것은 한갓 비판을 위한 비판은 아니다. 나는 비판을 통해 무언가 중요한 것을 우리가 배울 수 있을 뿐만 아니라, 비판을 통해서만 비로소 최한기 사상의 장점이 정당하게 음미될 수 있다고 믿었다. 최한기의 사유는 장점과 문제점이 함께 표리를 이루고 있는 경우가 많기 때문이다. 비판에도 불구하고, 혹은 비판에 끝까지 견뎌 내면서, 현실적으로 의미를 잃지 않는 사상소(思想素)들이 무엇인지를 음미하는 일은 오늘날의 우리가 최한기를 미래 지향적으로 읽는 데 특히 중요하다고 생각된다.

  나는 이 책의 구상 단계에서 책의 형식을 놓고 여러 가지 생각을 했었다. 문답 형식으로 최한기와 대화하는 방식으로 글을 쓸까 생각하기도 하고, 최한기가 한 것처럼 짤막짤막한 표제들이 연속되는 방식으로 글을 써볼까 생각하기도 했다. 하지만 막상 집필하기 시작하면서 다른 가능성들은 배제되고 지금과 같은 형태로 되었다. 이 형식은, 물론 그것이 갖는 단점도 스스로 의식되지 않은 것은 아니나, 그래도 비교적 자유롭게 내 생각을 담을 수 있다는 이점(利點)이 있다. 독특한 글쓰기를 통해 자신의 사상을 종횡무진 펼쳐 간 최한기와 같은 사상가를 음미하기 위해서는 뭔가 그에 걸맞은 글쓰기 형식이 필요할 터이다. 내가 선택한 이 형식이 꼭 그런 것인지는 자신할 수 없지만, 어쨌든 이런 고민이 반영되어 있다는 점만큼은 분명하다.

  이제 이 책이 출간됨으로써 나의 오랜 숙제 하나를

푼 셈이다. 최한기와의 대면은 이즈음 나의 유일한 즐거움이었다. 그러나 지금 출간을 앞두고 다시 원고를 읽어보니 미흡함이 적지 않다. 그렇기는 하나 공부를 1, 2년 할 것도 아니고 앞으로 수십 년은 더 해야 한다는 생각으로 스스로를 위로한다.

몸이 아픈 중에도 조언을 아끼지 않은 나의 처에게 감사한다. 사실 이 책의 곳곳에는 내 처의 생각이 묻어 있고, 나는 이 점을 언제나 기억하고 싶다.

2003년 3월 18일

8 한국한문소설 교합구해

소명출판, 2005

나는 최근 몇 년간 한국한문소설 가운데 문학사적 의의가 크다고 판단되는 83편의 작품을 선정해 정본화(定本化) 작업을 해 왔는데, 이 책은 그 결과물이다. 한국한문소설에는 원본(原本)을 알 수 없는 것들이 많다. '정본화'(定本化)란 한 작품에 둘 이상의 이본(異本)이 존재할 때 그 이본들을 면밀히 대조하고 교감(校勘)하여 원본에 가까운 하나의 본(本)을 구성하는 행위다. 이 책 제목 중에 들어 있는 '교합'(校合)이라는 말은 바로 이 정본화를 뜻한다. 정본(定本)이란 비록 원본 자체는 아니지만, 합리적 추론에 의한 원본에의 수렴 과정이자, 원본에 최대한 근사(近似)하게 다가가려는 기도(企圖)로 이해되어야 한다.

그런데 한국한문소설의 정본화 작업은 왜 필요한가? 그간 한국한문소설에 대한 학계의 연구 성과는 상당히 많이 축적된 편이다. 그렇기는 하지만 정작 연구의 대상인 한문소설의 텍스트들에 대한 교감과 교합 작업은 지금까지 거의 이루어진 바 없다. 물론 특정한 이본 하나를 잡아 그것을 활자화(活字化)한 경우는 더러 있었지만, 이는 특정 이본의 활자화일지언정 여기서 말하는 정본화는 아니다. 또한 여러 이본 가운데서 선본(善本)이라고 판단되는 본(本)을 하나 택해 활자화한 다음 이 본과 다른 본의 차이를 교감기(校勘記)로 밝히는 방식 역시 정본화는 아니다. 이런 작업은 비교적 소극적인 것이며, 그다지 어려운 일이 아니다.

정본화는 이런 작업 방식과는 달리 아주 적극적인 행위로서, 비록 '방법적'으로는 일단 하나의 본을 저본으로 삼아 작업한다 할지라도 단순히 특정한 어느 본을 활자화하는 것이 아니라 여러 본을 교합해 하나의 본을 구성하는 행위이다. 그러므로 이 작업은 앞에서 말한 작업들과는 전혀 차원을 달리하며, 이 때문에 작업 과정상 여러 가지 난점이 제기되는바 이 난점들을 최대한 신중하게 극복하지 않으면 안 된다.

어떤 의미에서 정본화란 곧 '표준'의 설정이다. 표준이 있어야 여러 이본의 차이 및 그 차이의 의미 그리고 특정 이본의 위상과 특정 이본이 갖는 독특한 의의 등이 객관화될 수 있다. 대체로 우리 학계의 연구자들은 바로 이 표준이 없이 저마다 적당히 특정한 이본(들)을 텍스트로 택해 연구를 진행해 온 셈이다. 이는 엄밀히 말한다면 '이본' 연구이지 '작품' 연구는 아니다.

한문 소설에 있어 정본화란 텍스트의 오류를 바로잡는 비평적(批評的) 행위일 뿐 아니라, 텍스트에 가능한 한 정확한 표점(標點)을 부여함으로써 텍스트가 부당하게 오독되는 일이 없도록 하는 행위이기도 하다. 미안한 말이지만, 한문 소설에 대한 지금까지의 연구 내지 번역은 이런 정본화 작업을 거치지 않고 수행되어 온 관계로 상당 부분 텍스트의 오류와 오독 위에서 이루어진 감이 없지 않다. 이런 점을 고려한다면, 앞으로 한문소설의 작품 연구를 더 섬세한 방향으로 가져가고, 연구를 고도로 이론화하기 위해서는, 정본화 작업이 불가결하다. 하지만 정본화에 대한 강조가 이본의 가치나 이본 연구의 의의를 부정하는 것으로 받아들여져서는 안 된다. 거꾸로 정본화 작업은 이본 연구의 초석이 되면서 이본의 가치와 의의, 이본 간의 편차를 보다 엄정하고 객관적으로 드러낼 수 있게 해 줄 것이다.

정본화 작업은 비단 이런 전문적 연구를 위해서만 필요한 것은 아니다. 정보화와 세계화는 현재 불가피한 추세다. 이 점을 염두에 둘 때 표준본(標準本), 즉 정본(定本)을 확립하는 작업은 대단히 시급한 현실적 과제다. 표준본이 있어야 정당한 한글 번역이 가능하고, 정당한 한글 번역이 있고서야 다른 문화 장르―애니메이션이든 드라마든 영화든―에서의 다양한 활용이 가능해짐으로써다. 뿐만 아니라 표준본 혹은 표준본에 의거한 한글 번역이 없고서는 한문소설 텍스트의 세계화, 즉 영어나 기타 외국어로의 충실한 번역 또한 기대하기 어렵다.

그런데 이 책 제목 중의 '구해'(句解)라는 말은 무슨 뜻인가? '구해'란 텍스트의 자구(字句)에 대한 주석(註釋) 행위를 뜻하는 말이다. 널리 쓰이는 말이 아님에도 이 책에서 굳이 이 말을 사용한 데에는 특별한 이유가 있다. 일찍이 조선 명종(明宗) 때 인물인 윤춘년(尹春年)과 임기(林芑)는 중국의 구우(瞿佑)가 창작한 소설집 『전등신화』(剪燈新話)에 주석을 붙여 『전등신화구해』(剪燈新話句解)라는 책을 간행한 바 있는데, 이 『전등신화구해』는 동아시아에서 가장 이른 시기에 나온 본격적인 소설 주석서에 해당한다. 『전등신화구해』는 난해한 자구의 의미를 친절하게 풀이해 놓고 있음은 물론, 인물·지명·연호·고사(故事) 등등에 대해 자세한 주석을 붙여 놓고 있다. 이 점에서 『전등신화구해』의 주석 방식은 대단히 모범적인 것일 뿐 아니라 아주 수준 높은 것이라 평가할 만하다. 이후 몇 백 년간 조선인은 물론이려니와 에도 시대의 일본인들 역시 대체로 이 주석본으로 『전등신화』를 읽었다. 본서의 제목에 '구해'라는 말을 쓴 데에는 바로 이 『전등신화구해』가 보여 준 소설 주석의 수준과 방식을 400여 년 뒤에 다시 계승한다는 자각이 담겨 있다.

이처럼 이 책은 한국한문소설의 '교합'(校合: 정본화)과 '구해'(句解: 주석)라는 두 가지 과업을 수행하고 있는 바, 책 이름을 '한국한문소설 교합구해'라 붙인 까닭이 이에 있다.
　요즘 세상 돌아가는 것을 보면 '농사'는 이제 완전히 천덕꾸러기가 된 느낌이다. 영리하고 셈이 빠른 사람이 농사를 지으려 들겠는가. 힘만 들고 이익은 별반 남지 않기 때문이다. 하지만 농민이 땅에서 곡식을 생산하지 않는다면 우리의 삶이 어찌 지탱될 것이며, 사회가 온전히 유지되겠는가. 나의 본업은 한국 고전문학 연구다. 그런데 내가 소업(所業)으로 삼는 이 분야라고 해서 크게 사정이 다른 것 같지는 않으니, 사람들은 소위 농사에 해당하는 일보다는 유통업이나 서비스업이나 인테리어업 같은 데 관심이 쏠려 있는 듯하다. 그쪽이 힘들여 땅을 파고 모종을 심는 농사일보다 훨씬 손쉽게 성과를 낼 수 있어서일 것이다. 하지만 그 성과는 과연 어떤 성과인가?
　내가 이 일에 착수한 것은 1999년 봄이니 거진 6년 만에 일을 마무리하는 셈이다. 나로서는 농부가 정성스럽게 농사짓는 마음으로, 혹은 한 땀 한 땀 자수를 놓아 가는 아낙의 심정으로 작업을 하였다. 특정 소설의 이본들을 책상 여기저기에 벌여 놓고 한 글자 한 글자씩 대조해 가며 스스로 시비(是非)를 가리면서(그 어떤 본에도

'昰'가 없는 경우도 있었다) 정본(定本)을 만들고 그 결과를 교감주(校勘註)로 작성해 내는 작업은 대단히 힘든 일일 뿐더러 좀처럼 진도가 나가지 않는 작업이었다.

뿐만 아니라, 표점(標點) 하나하나에도 그 정확성과 관련해 신경이 몹시 쓰였으며, 특정 전고(典故)의 주석 하나를 달기 위해 이 문헌 저 문헌을 뒤지느라 며칠을 보낸 일도 적지 않다. 한문소설은 필사본(筆寫本)이 대부분인지라 판독이 잘 되지 않는 글자들이 있는가 하면 행초(行草)로 씌어진 자료들도 있어 더욱 어려움을 겪었다.

매번 교정지가 나올 때마다 부전지(附箋紙)를 붙여 깨알 같은 글씨로 교감주와 훈석주(訓釋註)를 보충해 넣는 일은 팔과 어깨만 아픈 것이 아니라 눈이 아파 계속 안약을 넣어 가며 일하지 않으면 안 되었다. 이 때문인지 갈수록 눈이 침침해져 애로가 많았다. 이런 나를 민망히 여긴 나의 처는 중도에 몇 번이나 일을 그만두라고 설득하기도 했었다.

이렇듯 이 일은 내가 지금까지 한 그 어떤 일보다 육체적으로 힘들었으며, 많은 시간이 소요되었다. 하지만 그런 만큼 우리 고전에 대한 애정이 내 '몸'에 더욱 각별하게 체화(體化)된 듯한 느낌이다.

사실 이런 작업은 한문 문리(文理)가 나야 하고 한국 고전 서사(敍事)에 대한 공부의 온축이 있고서야 비로소 가능한 일이다. 둘 가운데 어느 하나라도 부족할 경우 결과는 만족스럽지 않을 터이다. 이 점에 대한 두려움이 없는 것은 아니나, 느리되 확실한 우보(牛步)로써 내가 할 수 있는 최선을 다했다고 감히 스스로 생각한다.

『전등신화구해』의 예에서 확인되듯 한국학에는 면밀하고 자세한 교감·주석의 전통이 존재한다. 이를테면 정약용(丁若鏞)이 이룩한 새로운 인간학의 바탕에는 『논어고금주』(論語古今注)와 『맹자요의』(孟子要義)가 자리하고 있다. 이들 책은 모두 교감·주석서에 속한다. 교감주석학(校勘註釋學)은 비단 한국학에 그치지 않고 전통적 동아시아 학문의 기초 내지 근간에 해당하는 것이었다. 인간과 자연과 우주를 아우르는 독자적인 웅대한 이론 체계를 완성한, 12세기 동아시아의 위대한 사상가인 주자(朱子) 역시 교감주석학 위에 자신의 사상을 정초(定礎)하였다.

하지만 한국은 근대 이래 이런 동아시아학 내지 한국학의 전통을 제대로 계승하고 있지 못하다고 판단된다. 이에는 여러 가지 사정이 있을 터이다. 일제 강점기에 처해 학자들이 차분히 고전에 대한 교감 주석에 전념할 기분이 못 되었으리라는 것도 그 한 이유라면, 새롭게 밀려들어 온 서양 근대 학문의 패러다임에 학자들이 압도당한 데도 그 일단의 이유가 있을 것이다. 하지만 서양 근대 학문이라고 해서 이론 생산만을 능사로 삼고 교감주석학 같은 건 아예 안중에 두지 않는 건 아니다.

정작 우리와 달리 근대 서양에는 고전에 대한 텍스트 비평이나 주석으로 대가의 반열에 오른 학자들이 적지 않다. 한편 우리가 전통 학문의 우량한 부분이라 할 교감주석학을 하찮게 본 대가로 무슨 변변한 독창적인 이론 체계나 사상을 만들어 내기라도 했던가? 교감주석학의 중요성이 정당하게 인식되지 않는 한, 그리고 교감주석학이 방치되거나 천시되는 우리의 학적(學的)·문화적 풍토가 시정되지 않는 한, 우리 고전에 굳건히 뿌리를 둔 제대로 된 심원한 사유나 이론은 나오기 어렵다.

학문이 필히 갖추어야 할 것의 하나는 정밀성이다. 학문에 정밀성이 떨어진다면 그 학문은 결코 일류 학문일 수 없다. 근대 이래의 한국학은 바로 이 정밀성에 문제가 있다고 나는 늘 생각해 오고 있다. 한국에서 정밀성의 문제는 비단 학문만의 문제는 아니다. 그것은, 물건 만들기, 집짓기, 다리 건설하기, 물건 포장하기, 도로에 줄 긋기 등등 사회 경제적 부문에서도 우리를 이류로 만드는 요인이 되고 있다. 이 점에서 학문은 별건물(別件物)이 아니요, 사회와 나란히 가는 것이라 할 만하다. 그런데 한국학이 안고 있는 이 정밀성의 부족이라는 약점을 극복하기 위해서는 21세기의 초두인 지금부터 우리의 자세를 가다듬어 교감주석학을 정당하게 복원시킬 필요가 있다. 그리하여 허다한 우리 고전들을 착실하면서도 정세(精細)하게 교감·주석하고, 그 성과에 의거해 정확하고 유려하게 현대어로 번역해 낼 필요가 있다. 이것은 결국 우리 학문의 굳건한 인프라를 구축하는 일이 되며, 정밀하고 '주체적인' 사유 행위와 이론 생산을 가능하게 하는 기초가 되리라 믿는다.

이 책은 '한국한문소설 교합구해'라는 제목을 달고 있기는 하지만, 한국한문소설을 모두 망라하고 있지는 않다. 일단 장편 소설은 배제했으며, 단편이나 중편 소설 가운데서 비교적 문예적·사상적 가치가 높다고 판단되는 것들만 선정해 수록하였다. 나의 목표는 스스로 이런 작업의 모범을 한번 시현하려는 데 있을 뿐, 욕심을 부려 일을 벌이는 데 있지 않음으로써다. 그러므로 본서에 실리지 않은 작품들에 대해서는 장차 누군가가 나서서 훌륭한 작업을 해 줄 것을 당부한다. 나는 혹 가능하다면 차후 후학들과 힘을 합해 이 책을 토대로 새로운 버전의 한문소설 국역(國譯)을 시도했으면 한다. 만일 이 국역이 이루어진다면 이를 저본으로 삼아 외국어로의 번역 또한 생각해 볼 수 있을 것이다.

나는 이 작업을 어떤 연구비 지원도 받지 않고 장기간 혼자 진행해 왔기에 기한에 쫓겨 서두를 이유가 없었고, 그래서 다행스럽게도 비교적 많이 고치고 다듬을 수 있었다. 그렇기는 하지만 이런 일의 성격상 오류가 없을 수 없다. 장차 동학들의 지적을 받아 잘못을 바로잡아 나갈 수 있기를 고대한다.

아무쪼록 나의 이 작업이 한국학의 정밀성의 수준을 한 단계 끌어올리는 작은 계기가 됨과 동시에, 제대로 된 교감 주석 작업의 중요성에 대한 동학 및 후학들의 깊은 관심을 촉발하는 계기가 되기를 바란다.

2005년 1월

발문

내 나이 사십 대 전반에 이 일에 착수했는데 어느새 오십을 바라보는 나이가 되었다. 그사이 내 몸에도 많은 변화가 있어 까맣던 머리는 희끗희끗해지고, 눈은 많이 어두워졌으며, 체력도 처음 일을 시작할 때만 못하다. 이런 생각을 하니 내 사십 대 인생이 이 책에 담겨 있는 듯해 감회가 유난하다.

2005년 1월

9 연암을 읽는다

돌베개, 2006

'고'(古)란 무엇인가. 그것은 죽은 것이 아니라 우리의 일부분이며, 그 점에서 하나의 '지속'이다. 우리는 이 지속성 속에서 잃었던 자기 자신을 환기하고, 소중한 자신의 일부를 되찾을 수 있으며, 자신의 오랜 기억과 대면할 수 있다. 그러므로 '고'는 진정한 자기 회귀(自己回歸)의 본질적 계기가 된다. 진정한 자기 회귀란 무엇인가. 그것은 자기를 긍정하되 자기에 갇히지 않고, 잃어버린 것을 통해 자기를 재창조해 내는 과정이다. 이 점에서 '고'는 한갓 복원이나 찬탄의 대상이 아니라, '오래된 미래'를 찾아 나가는 심오한 정신의 어떤 행로다. 이 책은 바로 이런 의미의 '고'에 대한 탐구다.

세상은 점점 요지경이 되어 가고 있다. 사람들은 점점 더 빨라지고 있으며, 빨라지는 그만큼 생각을 점점 더 않게 된다. 생각을 하지 않으니 이 세계에 대해 점점 더 피상적으로 될 수밖에 없다. 많이 안다고 여기지만, 그것은 대개 시시껄렁한 것 아니면 실용적인 지식이며, 삶의 근원과 관련된 앎은 아니다. 문학 작품이나 예술 작품이라는 텍스트를 읽는 일은 한편으로는 즐거운 일이지만 한편으로는 고통스럽다. 왜 고통스러운가. 텍스트 속으로 깊이 들어가기 위해선 '생각', 즉 사유(思惟)를 해야 하기 때문이다. 하지만 인생 역시 그렇듯이, 이 고통의 과정 없이는 우리는 텍스트의 본질을 이해할 수 없다. 텍스트에 대한 사유를 통해 우리는 기다림을 배우고, 연민을 배우며, 깊은 슬픔을 응시해 낼 수 있게 되고, 이 세상의 온갖 존재들이 감추고 있는 아름다움을 읽어 내는 심안(心眼)을 얻게 된다. 이 점에서, 문학과 예술이라는 텍스트를 읽는 일은 세상·삶·자연이라는 텍스트를 읽는 일이기도 한 것이다. 이 책은 바로 이런 의미의 '텍스트'에 대한 탐구다.

연암을 읽는다는 것은 무엇인가. 연암 속으로 들어가는 것을 의미한다. 연암 주변을 아무리 빙빙 배회해 봤자 연암의 진면목을 알기는 어렵다. 연암을 알기 위해서는 연암의 마음속으로 들어가지 않으면 안 된다. 연암이 무엇을 괴로워했는지, 무엇을 기뻐했는지, 무엇을 슬퍼했는지, 무엇에 분노했는지, 스스로 연암이 되어 느껴 보지 않으면 안 된다. 하지만 연암을 읽는다는 일이, 단지 연암의 시선으로 삶과 자연과 세상을 읽는 데 그치는 것은 아니다. 그것은 동시에 스스로의 시선, 다시 말해 우리 시대 '나'의 시선으로 삶과 자연과 세상을 읽는 일이기도 한 것이다. 그럴 경우, 사유하는 주체이자 심미적 주체로서의 연암은, 또 다른 사유의 주체이자 심미적 주체인 '나'와 부단히 교섭하면서 대화적 관계를 형성할 수 있다. 이를 통해, '나'가 연암 속으로 들어가기만 하는 것이 아니라, 연암이 '나' 속으로 들어오기도 하며, 이 과정을 통해 죽었던 연암은 환생하게 되고, '나'는 내가 속한 좁은 시공간을 넘어 자아의 놀라운 확충을 경험하게 된다. 실로 경이로운 일이다.

저자는 대학 시절 연암을 대상으로 졸업 논문을 쓴 바 있다. 지금으로부터 28년 전의 일이다. 생각하면 하룻강아지 범 무서운 줄 모르고 달려든 격이다. 패기가 넘치던 시절이었다. 하지만 내가 연암을 읽는 일이 패기만으로는 되지 않는다는 걸 깨닫는 데는 많은 시간이 걸리지 않았다. 아직 생각도 짧고, 한문 문리도 턱없이 부족했으며, 미묘한 것을 명료하게 표현해 내는 훈련이 충분히 되어 있지 않았던 것이다. 참담한 일이지만, 당시 나는 연암과의 첫 대면을 통해 이 사실을 확인했다. 그 점에서 연암은 나의 스승이기도 하다. 이후 나는 다른 문제로 관심을 돌려 이런저런 연구를 해 왔다. 하지만 그런 중에도 늘 마음 한구석에는 연암이 자리하고 있었다. 나는 어쩌면 이 거인과 대등한 정신적 높이에서 대화할 그날을 기다리며, 스스로를 훈련시키고 단련하면서 사유의 연습을 해 온 것인지도 모른다. 그 점에서, 나는 지금 내가 출발했던 그 지점에 다시 서 있는 셈이다.

이 책에서는 20편 가까운 연암의 산문 작품을 다루고 있다. 예술성이 빼어난 연암의 산문은 이 책에서 다룬 작품의 네댓 배는 족히 되리라 보지만, 우선 내가 가장 좋아하는 글 20여 편을 대상으로 '읽기'를 시도하였다. 이들 글은 연암의 정신세계와 작가적 역량을 유감없이 보여 준다. 조만간 연암의 다른 글들에 대해서도 후속 작업을 할 생각이다.

연암의 산문은, 들판에 홀로 서서 바라보는 저녁 구름과 같다. 어둠이 내리기 직전까지 약 30분 가까운 동안 시간의 흐름에 따라 시시각각 변해 가는 저 구름의 미묘한 색조(色調)하며 자태를 보고 있노라면, 자신은 그만 휘발되어 사라져 버리고, 내가 꼭 구름이 된 듯한 느낌이 들곤 하지 않던가. 그 경이로운 느낌과 황홀감이라니! 그리고 사위(四圍)가 완전한 어둠 속에 잠겨 비로소 정신을 차렸을 때 엄습하는 그 쓸쓸함과 묘한 여운이란! 아마도 유한한 지상의 그 모든 아름다운 것들에서 우리는 그런 감정을 갖게 되는 것이리라.

지난해 이 책을 집필하는 과정 내내 나는 연암과 함께 생활해 왔다는 기분이다. 연암이 벗들과 술을 마실 때 나는 그 구석에 쪼그리고 앉아 연암과 그 벗들을 지켜보면서 그들의 일거수일투족과 한 마디 한 마디 말에 희비(喜悲)를 함께하였다. 뿐만 아니라, 연암이 누군가의 죽음에 슬퍼하면서 눈물을 흘릴 때 나도 그를 따라 눈물을 떨구었고, 연암이 달빛이 비치는 밤길을 걸을 때면 나도 따라 걸었으며, 연암이 누군가를 그리워하며 먼눈이 되면 나 역시 문득 먼눈이 되어 누군가를 몹시 그리워하는 마음이 되곤 하였다. 말하자면 나는 지난 1년 동안 연암과 희로애락을 함께해 온 셈이다. 이 책은 그러한 체험의 외화(外化)다.

이 책의 '연암 읽기'는 다소 특이한 방식을 취하고 있다. 먼저 한 편의 글 전체를 보인 다음, 다시 단락별로 글을 제시해 자세히 음미했으며, 최종적으로 다시 글 전체의 차원으로 돌아가 총평을 가하는 방식을 취하였다. 연암의 글은 워낙 치밀한 데다 깊은 사유와 미학적 고려를 담고 있으며, 고도의 구성과 안배(按排)를 해 놓고 있기에, 범범하게 글 전체만 갖고 대강 논의해서는 수박 겉핥기가 되기 쉬우며, 정작 연암이 글을 통해 보여 주고자 했던 미묘하고 아름다운 국면들을 놓쳐 버리기 십상이다. 이런 점을 고려해, 저자는 분석과 종합의 묘를 모두 살리고자 하는 의도에서 이런 접근 방식을 생각하게 되었다. 분석의 과정은 때로 지루하다. 하지만 이 힘든 과정을 거치지 않고는 연암의 사유와 마음속으로 들어갈 수 없을 터이다. 하지만 일단 들어간 다음에는 나의 말은 죄다 부질없는 것이니 모두 잊어도 좋을 것이다.

  이 책의 형식과 관련해 한 가지 더 말해 둘 것은, 이 책은 문단에 따라 글을 나누고 있지만, 하나의 문단 내에서 행(行)을 달리하여 적은 경우가 더러 없지 않다는 사실이다. 하나의 문단이란 행을 구분해서는 안 되고 하나로 쭉 이어 써야 하는 것이지만, 이 책의 경우 시각적으로 독자들의 이해를 돕기 위해 이런 작문법상의 원칙을 기계적으로 고수하지는 않았다.

  나는 5년 전부터 나의 학우들과 매주 수요일 저녁에 연암 산문을 강독해 오고 있다. 이른바 '연암강회'(燕巖講會)다. 이 강회에선 연암이 쓴 글의 자구 하나하나를 갖고서 요리조리 따지고 음미하며 많은 시간을 들인다. 이 책에 들어 있는 내 생각의 많은 부분은 이 강회 중에 말해진 것이다. 다행히 홍아주 소우(少友)가 나를 위해 강회에서 내가 한 말을 자세히 기록해 놓아 이에 의거해 생각을 보태고 확장해 이 책을 집필할 수 있었다. 뿐만 아니라, 나는 여기에 수록된 연암 작품들에 대해 작년 1학기 서울대학교 국문과 대학원에 개설된 과목인 '한국고전비평연습' 수업에서 한 차례 검토한 바 있다. 당시 학생들의 발표를 들으며 나는 연암 작품에서 어떤 부분이 특히 오독되기 쉬운가, 무엇은 그런대로 이해되는 반면 무엇은 제대로 잘 이해되지 못하고 있는가를 확인할 수 있었으며, 나아가 학생들의 발표에서 더러 시사점을 얻기도 하였다. 이 자리를 빌려 당시 나의 수업에 열의를 갖고 참여한 강국주, 박현숙, 김인나, 심지원, 이효원, 고은임, 이경근 등 여러 사람에게 감사의 뜻을 표한다.

연암강회에서는 연암 산문의 원의(原義)를 살리면서도 오늘날의 한글 독자가 충분히 이해할 수 있는 쉽고 유려한 번역문을 내놓기 위해 고심에 고심을 거듭하고 있다. 이 책의 번역문은 바로 이 연암강회에서 이룩된 성과다. 이 책에서는 연암 작품의 한문 원문을 싣지 않았다. 한글 번역만으로 연암 산문의 깊이와 아름다움을 충분히 느끼게 하자는 것이 저자의 원래 의도이기 때문이다. 원문에 표점을 붙이는 일, 자세한 주석, 교감 등 고도의 학문적 엄격성이 요구되는 다른 여러 작업은 곧이어 연암강회에서 공동 작업으로 따로 책을 낼 예정이기에 그쪽으로 미룬다.

9년 전, 나는 『나의 아버지 박지원』(원제 '과정록'過庭錄)이라는 역서를 낸 적이 있는데, 그 서문의 첫머리에 '영국에 셰익스피어가, 독일에 괴테가, 중국에 소동파가 있다면 우리나라에는 박지원이 있다'라고 쓴 바 있다. 당시 나는 이른바 근대 부르주아 문학, 즉 '국민 문학'의 관점에서 그런 말을 한 게 아니었다. 보다 근원적인 견지에서, 사유와 미학의 관련, 삶 속에서 도모되는 문학의 궁극적 가능성 등을 염두에 두고 한 말이었다. 이 번역서가 나오고 나서 며칠 후, 지금 이름은 잊어버렸지만, 어떤 신문 기자한테서 집으로 전화가 걸려 왔다. 그 요지인즉슨, 셰익스피어·괴테 운운한 게 대체 무슨 말인가, 연암의 어떤 면에 대해 그렇게 말할 수 있는가,「호질」·「허생전」·「양반전」·『열하일기』 등등의 작품에 대해 하는 말인가, 뭐 이런 거였다. 이 기자는 적어도 이런 작품들의 성취와 특징을 그런대로 알고 있는 듯했으며, 연암이 시사 비판과 풍자에 뛰어난 문학의 대가라는 점도 잘 알고 있는 듯했다. 하지만 그 이상은 아니었다. 말하자면 교과서적 통념 이상의 것은 갖고 있지 못하다고 여겨졌다. 아마 그래서 연암을 셰익스피어와 괴테에 견준 나의 비유가 잘 이해도 되지 않고, 내심 과한 말이 아닌가 하는 의구심도 들어, 나에게 전화로 물어 온 것이리라. 이 기자의 질문에 대체 어떻게 답해 줄 것인가. 이 질문에 답하기 위해서는 연암 글쓰기의 진수, 자신의 사유를 풀어내는 그 놀라운 능력이며, 자구(字句)를 단련하면서 물샐틈없이 삼엄하게 한 편의 글을 조직해 내는 그 빼어난 솜씨며, 자신의 안팎을 반성적으로 성찰해 내는 저 깊은 시선 등에 대해 조목조목 구체적으로 작품을 예로 들어 가며 말해 주어야 하리라. 하지만 그것은 며칠을 말해도 부족할 것이며, 또 며칠을 말한다 한들 소용이 없는 일일 것이다. 작품을 스스로 읽으며, 스스로 생각하고 음미하지 않으면 알 수 없는 일이니까. 어떤 과일을 먹어 본 적이 없는 사람에게 그 과일의 독특하고 미묘한 맛에 대해 아무리 설명해 줘 봤자 소용이 있겠는가. 그래서 나는 당시 그 기자에게 그건 도무지 설명해 줄 수 없는 일이라고 짤막하게 말한 후 전화를 끊을 수밖에 없었다. 아마 이 책은 부족한 대로 9년 전의 그 기자분에게 들려주는 답이 되지 않을까 생각한다.

2006년 4월

10   　　　　　　　연암산문정독
　　　　　　역주(譯注)·고이(考異)·집평(輯評)

　　　　　　　　　　　돌베개, 2007 [공저]

　아마 2002년 가을이지 싶다, 연암 산문 강독을 시작한 건. 이후 나는 박사 과정에 있거나 박사 과정을 마친 나의 학우들 몇 명과 매주 수요일마다 연암 산문을 읽고 음미하는 일을 해 오고 있다. 이 책은 이렇게 공부한 우리가 내놓는 첫 성과다.
　　공부란 궁극적으로 혼자 하는 것이지만, 경우에 따라선, 그리고 공부의 단계에 따라선, 같이 어울려 하는 것이 필요할 때도 있다. 나는 연암 산문 강독 같은 것이 그런 공부라고 생각한다. 이 공부를 제 혼자서 할 수 있었겠는가? 같이 어울려 공부하는 바람에 연암 글의 이본(異本)들을 면밀히 검토할 수 있었고, 난해한 구절이나 미묘한 구절에 대해 많은 의심을 품은 채 요리조리 그 의미를 샅샅이 따져 볼 수 있었으며, 논란이 될 수 있는 구절에 대하여는 기왕에 이루어진 연암 글의 번역을 일

일이 확인해 그 동이(同異)를 밝혀 줄 수 있었다.

특히 번역의 동이를 밝혀 주는 일은 몹시 성가시고 품이 드는 일이었는데, 한국 학술사에서 처음 시도되는 이 작업이 과연 적절하고 필요한가 하는 회의도 없지 않았으나, 다른 글도 아니고 우리나라 최고의 산문가(散文家)라 할 연암의 글인 만큼, 그리고 연암의 일부 글들에 대해서는 꽤 다양한 번역이 나와 있고 그중에는 오역도 적지 않은 만큼, '번역'을 엄정한 '학문'의 수준으로 끌어올리기 위해서는 이 작업이 필요하다는 결론에 이르렀다. 뿐만 아니라, 독자들은 이 책에 제시된 번역의 동이를 대조해 가며 읽음으로써 하나의 구절이 이렇게 다양한 뉘앙스로 번역될 수 있다는 사실을 새삼 '발견'할 수 있을 것이고, 이를 통해 연암 산문을 좀 더 풍부하게 이해함과 더불어, 이 책의 번역까지 포함해 연암 산문의 모든 번역을 좀 더 비판적으로 그리고 주체적으로 읽어 낼 수 있는 실마리를 얻을 수 있지 않을까 한다. 적어도 이 책의 독자들은 필시 연암 산문의 애호가가 아니면 전문 연구자일 터인데, 이런 비판적이고 주체적인 '음미'가 한국학의 수준과 연암 연구의 수준을 향상시키는 데 큰 힘이 된다는 사실을 이 자리에서 굳이 환기시키고 싶다.

여기서 잠시 독자들의 양해를 구할 일이 하나 있다. 지난해 간행된 나의 책 『연암을 읽는다』와 본서에 실린 연암 산문은 그 대상 작품도 같을 뿐 아니라, 번역문에도 차이가 없다는 사실이다. 『연암을 읽는다』의 서문에서 밝힌 대로 이 두 책은 같은 손에서 나온 것이기 때문에 그럴 수밖에 없다 하겠다. 이 두 책은, 비록 이런 공통점을 갖고 있기는 하나, 전혀 다른 성격의 책이다. 『연암을 읽는다』가 일반 독자를 상대로 연암의 글에 대한 나의 생각을 말하는 데 주안을 둔 책이라면, 이 책은 전문 연구자나 한문을 읽을 수 있는 독자를 염두에 둔 책이다. 그래서 이 책에서는 연암 산문의 원문에 표점을 붙여 번역문과 나란히 수록함으로써 서로 대조해 가며 읽을 수 있게 했고, 이본들을 자세히 교감하여 그 결과를 각주로 제시했으며, 번역의 동이(同異)를 밝혔고, 고사나 전거(典據)가 있을 경우 학문적인 견지에서 그 내용을 최대한 자세히 밝혀 주었다.

    연암은 자신의 작품을 몇 번이고 퇴고하면서 글의 완성도를 높여 간 작가였다. 이 책에서 수행한 면밀한 이본 교감은 연암의 이런 퇴고 과정을 여실히 보여 준다. 그러므로 눈이 밝은 독자라면 이를 통해 연암이 글의 어떤 대목에서 이리저리 주저하며 생각에 골똘히 잠겨 글을 다듬고 표현을 고쳤는지, 어떤 대목에서 특히 마음이 흔들리고 고심을 했는지 알아보고는 입가에 잠시 미소를 띨지도 모를 일이다. 요컨대, 얼핏 보면 지리하고 쓸데없는 것처럼 여겨질 수도 있을 이 책의 이본 교감은 기실 연암의 창작 심리와 창작 방법에 대한 이해를 높이는 데 큰 도움을 주리라 생각한다. 뿐만 아니라, 그것은 한 편의 완성작을 퇴고의 '전 과정 속에서' 동태적으로 그리고 입체적으로 읽어 내게 해 줌으로써 작품 분석과 이해에 새로운 방법론적 지평을 열어 줄 것으로 기대한다.

기존의 연암 번역서와 이 책 사이에는 비단 이런 차이만 있는 것이 아니다. 이 책은 연암 산문에 대한 '평점비평'(評點批評)을 함께 수록하고 있다는 점에서 이전의 그 어떤 번역과도 다르다.

'평점비평'(評點批評)이란, 동아시아의 전근대 시기에 전개되어 온 문학 비평 방식으로, 그 형태가 자못 다양하다. 극히 개략적으로 말해, 평점비평의 존재 방식에는 다음의 몇 가지가 있다. 문두평(文頭評), 미평(眉評), 후평(後評), 미비(眉批), 행비(行批), 원권(圓圈), 첨권(尖圈), 방점(傍點). 이들에 대한 풀이는 이 책의 '일러두기'를 참고하기 바란다.

연암 산문 중에는 연암 당대에, 그리고 그 이후에, 평점비평의 대상이 된 작품들이 상당수 존재한다. 이들 평점비평은 그 자체로서도 읽거나 보는 재미가 쏠쏠하지만, 연암 산문이 이전에 미학적으로 어떻게 수용되고 읽혔는지를 알게 해 준다는 점에서도 중요하고, 더 나아가 연암 산문을 정당하게 이해하고자 고심하는 오늘날의 우리에게 좋은 길잡이가 된다는 점에서 더욱 중요하다.

왜냐면 이들 비평은 이덕무, 이재성(李在誠, 연암의 처남), 김택영(金澤榮) 등등 문학에 대한 탁월한 식견과 교양은 물론이려니와 높은 비평적 통찰력을 지닌 사람들에 의해 수행된 것으로서, 연암 산문의 묘의(妙意)와 정수(精髓)를 한두 마디 말로 예리하게 지적하고 있는 경우가 허다하기 때문이다. 이 점에서 얕은 식견에다 눈까지 어두운 오늘날의 연구자들이 종종 발하는 망발(妄發)이나 너절한 소리와는 그 유(類)가 다르다. 그러므로 이들 비평은 우리가 연암 산문을 읽다가 혹 길을 잃거나 미로를 헤맬 때 나침반 구실을 할 수 있다.

우리는, 그동안 우리가 입수한 모든 평점비평을 이 책에 수록하였다. 연암 산문에 대해서 한 것처럼 이들 평점비평에 대해서도 그 번역문과 원문을 함께 제시했으며, 주석이 필요한 경우 일일이 주석을 달아 주었다. 앞으로 새로운 평점비평 자료가 입수되면 책에 추가로 반영할 수 있을 것이다.

지금까지, 기존의 연암 관련 서적들과 구별되는 이 책의 특징들에 대해 간단히 언급했지만, 이 책의 부제(副題)에 '고이'(考異)라든가 '집평'(輯評)이라는 별로 익숙하지 않은 말을 사용한 것도 이 책이 갖는 이런 특징의 일단을 드러내기 위함이다. '고이'(考異)란, '차이를 상고(詳考)했다'는 뜻이니, 이본의 교감 및 번역의 동이를 가리키는 말이요, '집평'(輯評)은 '평점(評點)을 수집했다'

는 뜻이니, 평점비평을 모아 놓은 것을 가리키는 말이다. 아무쪼록, 이 책이 국내외 연암학(燕巖學)의 수준을 끌어올리는 데 조금이나마 기여하고, 연암을 애호하는 독자들이 좀 더 정세(精細)하게 연암의 글을 감상하는 데 도움을 준다면 그보다 더 큰 다행이 없겠다. '연암산문 정독'은 총 다섯 권을 계획하고 있는바, 이 책에 이어 곧 두 번째 책이 간행될 예정이다.

2007년 7월

11 거기, 내 마음의 산골마을

그물코, 2007

헌사

밤하늘의 별처럼 내 마음속에 또렷이 남아 있는 산골마을의 그 모든 존재들에게
혹은 살아 있고 혹은 사라져 가고 있고 혹은 사라져 버린, 지금도 내가 빚지고 있는 그때 그 산골마을의 모든 존재들에게

스스로 생각하기에 나는 로맨티스트는 아니다. 그럼에도 나는 나이가 들면 들수록 내가 어린 시절을 보낸 어느 산골마을을 자꾸 생각하게 된다. 이십 대 때보다 삼십 대 때가 더하고 삼십 대 때보다는 사십 대 때가 더하고 사십 대 때보다는 오십의 나이가 된 지금이 더하다.

왜 그럴까? 나도 정확히는 잘 알지 못하지만 지금 내가 영위하는 삶의 고단함, 지금 내가 나의 삶에서 느끼는 깊은 상실감과 어떤 관련이 있지 않나 한다.

생각하면 어린 시절 나의 산골마을에서의 삶은 가난하고 남루하였다. 나는 지금 그때보다 말할 수 없이 풍요롭고 가진 것도 많다. 그렇지만 나는 지금 행복하지 않다. 나는 가난했던 그 시절이 행복했었다고 느껴진다. 춥고 가난했지만 그 시절에는 자연에 대한 감수성이 훨씬 넓고 깊었으며 이것이 사람의 마음을 푸근하게 하고 사람의 마음을 깊고 넉넉하게 만들어 주었던 것 같다.

지금은 이 모든 것을 잃어버렸으며, 모든 것이 도시화되고 말았다. 도시는 황량한 사막과 같다. 블랙홀처럼 모든 것을 빨아들여 획일화하고 균일화하고 상품화하는 도시의 삶에서 진정한 의미의 '흙'이란 존재하지 않는다.

흙이 부재한 상황에서 인간은 과연 제대로 된 감수성과 미감(美感)을 발동시킬 수 있을까? 이런 인간도 인간일 수 있을까? 흙으로부터, 그리고 흙과 연관된 많은 것들로부터 떠나 버린 인간이 자연과 생명에 대한 경외감 및 인간으로서의 진정한 자율성을 가질 수 있을까? 나는 요즘 학생들을 가르치고 글을 쓰면서 늘 스스로에게 이렇게 묻고 있다. 비관적인 물음이다.

이런 비관적인 기분 속에 나는 내 마음속에 존재하는 내 유년 시절의 산골마을을 회상하였다. 나의 이 회상은 대체로 내가 초등학교에 들어가기 이전의 것들이다. 학교에 들어가면서 나는 점점 자연으로부터 격리되었고 자연으로부터 멀어져 갔다. 내가 기억하는 한, 학교는 반자연적인 곳이었다.

나는 근년 이 산골마을을 두 번 찾아가 보았다. 하지만 그곳에는 내 기억 속의 것들이 하나도 남아 있지 않았다. 맹꽁이도 하늘소도 쇠똥구리도 메기도 초가집도 연못도 숲도 황금벌판도 모두 사라져 버리고 없었다. 그 대신 리조트와 모텔과 이런저런 콘크리트 건물들과 아스팔트로 잘 포장된 길들이 있을 뿐이었다. 내 마음속에는 지금도 분명히 반짝거리며 존재하고 있건만 그것들은 더 이상 존재하지 않았다.

기억이란 묘한 것이어서 한편으로는 흐릿하고 한편으로는 뚜렷하다. 그리고 그것은 파편적으로만 존재한다. 하지만 흐릿하든 뚜렷하든 파편적이든 그 모두는 자기 마음의 반영이고 자기 마음의 그림이다.

나의 이 글은 어떤 순서도 없고 원칙도 없다. 시 같기도 하고 산문 같기도 하고 시와 산문이 뒤섞인 것 같기도 하고 혹은 그 무엇도 못 되는 것 같기도 하다. 어떤 글은 아주 짧고 어떤 글은 조금 길다. 길이만 들쭉날쭉 종작이 없는 것이 아니라 이런 말을 했다가 저런 말을 하고 유형의 것에 대해 이야기했다가 무형의 것에 대해 이야기하고 냄새에 대해 말했다가 빛깔에 대해 말하고 봄을 떠올리다가 금방 겨울을 떠올리고 초목에 대해 말했다가 벌레에 대해 말하고 생물을 이야기하다가 돌연 무생물을 이야기하고 말을 시작하는가 싶더니 갑자기 입을 다물고 마는 등 도무지 차서(次序)도 없고 종작도 없다.

하지만 이런 것은 하나도 중요하지 않다. 중요한 것은 내가 내 기억의 그림들을 가능한 한 충실히 따라가며 그저 내 마음에 떠오르는 대로 기술하고자 했다는 점이다. 기억은 때로 정확하지 못할 수도 있다. 이 점에서 나의 글에는 사실과 정확히 부합하지 않는 것이 있을지도 모른다. 하지만 이 역시 그다지 중요하지 않다. 나는 일부러 사실을 과장하거나 왜곡할 생각도 없었지만 내 기억이 모두 옳다고 강변할 생각도 갖고 있지 않기 때문이다. 나는 그저 다행히 내 마음에 아직도 남아 있는 심상(心像)의 일부를 여기에 썼을 뿐이다.

이런 하찮다면 하찮은 것을 왜 글로 썼느냐고 물을 사람이 있을지 모르겠다. 별다른 이유는 없다. 나는 그저 그것을 쓰고 싶었을 뿐이다. 존재하지 않지만 존재하는 그것들의 이름을 하나하나 불러 주는 것이 나의 일로 생각되었고, 적어도 그것이 나에게는 아주 중요한 문제인 것처럼 생각되었기 때문이다. 그리고 나와 같은 기억을 갖고 있는 분들, 채리와 용성이 같은 나의 어린 조카들, 그리고 어느새 훌쩍 여든이 넘어 버린 나의 부모님께 그 시절의 이야기를 잠시 써서 보여 준다고 해서 나쁠 것은 없지 않을까 하는 생각도 들어서다.

2007년 7월

발문-풍경과 마음

날이 흐리면 마음도 따라 흐려지고, 비가 오면 마음 어느 한구석에도 비가 내리고, 시원한 바람이 불어오면 마음이 문득 삽상해지며, 먹구름이 끼고 세찬 바람이 불면 마음이 왠지 불안해진다. 봄날 꽃이 피면 마음속 어디선가에서도 꽃이 피고, 깊은 가을 저 큼직한 오동나무 잎이 다 져 버리면 마음도 그만 휑뎅그렁해진다. 그뿐인가. 눈에 덮인 겨울나무들을 보면 내가 언젠가 그리로 되돌아가지 않으면 안 될 존재의 근원이 자연스럽게 마음에 환기된다. 이 모두는 자연의 풍경이 우리 마음에 빚어내는 조화(造化)다. 그 풍경은 무궁무진하고, 한없이 다채롭고, 한없이 깊고, 한없이 그윽하고, 한없이 미묘하지만, 마음이 없는 사람에게는 아무런 의미도 갖지 못한다.

그러므로 마음은 풍경이 없이는 마음이라 할 수 없고, 풍경은 마음이 없으면 풍경이 되지 못한다. 마음은 풍경 때문에 아름다워지고, 미묘해지고, 섬세해지고, 그윽해지고, 풍부해진다. 요컨대 풍경으로 인해 마음은 저마다 하나의 우주가 될 수 있고, 저마다 하나의 신(神)이 될 수 있는 것이다. 천지 만물의 생기(生氣)와 풍부함이 들어와 있으니 '우주'라 할 수 있고, 신묘하고 심원하되 인위가 없으니 '신'이라 할 수 있다. 이처럼 풍경이 마음을 구성하므로, 풍경의 생태학은 곧 마음의 생태학이 되고, 마음의 생태학은 다시 풍경의 생태학이 된다. 풍경과 마음은 이렇듯 서로가 서로를 베고 눕는다.

이러하므로, 풍경이 죽으면 그리고 풍경 속에 있던 그 무엇이 영영 사라져 버리면, 우리 마음도 죽거나 사라져 버리고 만다. 가령 풍경 속의 한 사물이 어느 날 종적도 없이 사라져 버렸다고 치자. 모든 사물은 그것만의 독특한 형태와 빛깔과 뉘앙스와 맛과 소리와 자취와 움직임을 지니고 있다. 하나의 사물은 이 모든 것의 전체이면서 그 이상이다. 그러므로 한 사물의 소멸은 이 모든 것, 즉 그것만의 독특한 형태와 빛깔과 뉘앙스와 맛과 소리와 자취와 움직임의 소멸을 뜻한다. 그뿐만이 아니다. 유정물(有情物)이든 무정물(無情物)이든 자연 풍경 속의 모든 존재는 봄 여름 가을 겨울의 순환에 따라, 그리고 봄 여름 가을 겨울이 빚어내는 온갖 자연적 조건에 따라 이루 말할 수 없이 다양한 형태로 그 모습과 자태를 드러낸다. 그러므로 하나의 사물이란 시간 속에서 그때그때 현현되고 전개되는 이 무한한 생태(生態)의 총합인 것이다. 이 총합은 닫혀 있지도 않으며, 완결되는 것도 아니다. 그것은 무한히 열려 있다. 그 점에서 하나의 사물은 늘 새로우며, 결코 일회적으로 무엇이라고 규정될 성질의 것이 아니다.

그러므로 풍경 속에 존재하는 어떤 하나의 사물을

우리 눈앞에서 잃어버린다는 것은 이 모든 것의 상실을 의미한다. 이 상실은 곧 마음의 상실, 즉 마음의 어떤 부분, 마음의 어떤 계기, 마음의 어떤 측면, 마음의 어떤 가능성의 상실을 의미한다. 그러니 한 사물의 소실, 한 사물의 소멸은 결코 '나'와 무관하지 않다. 슬프게도 스스로 인식하지 못하는 것일 뿐, 그것은 다름 아닌 자기 마음의 죽음, 더 빛나고 더 풍성하고 더 영성(靈性)으로 가득할 수도 있었을 마음의 어떤 측면이 상실됨을 뜻하기 때문이다.

풍경의 죽음이란 극단적으로 풍경의 소멸만을 가리키는 것은 아니다. 설사 풍경이, 혹은 풍경의 어떤 계기가, 우리 앞에 현전(現前)한다 할지라도 마음이 그것을 더 이상 풍경으로 받아들이지 못할 경우 풍경은 풍경이 가졌던 원래의 의미를 더 이상 가질 수 없게 되고 만다. 풍경의 생태만이 아니라 마음의 생태가 황폐해져 버린 것이다. 왜 이런 현상이 초래되었을까? 자연을 파괴하고 도구화함으로써 마음 역시 파괴되고 피폐화되었기 때문이라고 할 수 있다. 자연과 마음은 연결되어 있으므로 자연의 파괴는 결국 마음의 황폐화로 이어질 수밖에 없다.

흙을 밟으면서 자라지 못하고 아스팔트나 콘크리트 도로 위에서 자란 사람은, 흙이라는 자연 풍경이 인간에게 허여하는 저 놀라운 자연의 감수성이라든가 자연에 대한 경외감을 갖지 못한다. 흙이라는 것은 한갓 흙이 아니다. 그것은 앞서 말했듯 결코 일회(一回)로 완결될 수 없는 온갖 무한한 경험과 새로움의 장(場)이며, 유정 무정의 온갖 존재가 그 위에서, 혹은 그 속에서, 서로 균형을 이루며 상호 의존하는 관계망의 중심에 있다.

도시화의 급속한 진전에 따라 오늘날 대부분의 아이들은 흙과 유리된 도시에서 자란다. 그리고 오래전에 도시로 떠나온 사람들 역시 그 마음이 마주하는 풍경 속에 흙은 이미 거의 존재하지 않는다. 요컨대 흙이 풍경 속에서 사라져 버린 것이다. 풍경에서의 흙의 소멸은 마음에서 흙의 감수성이 상실됨을 의미한다. 흙의 감수성은 문학과 예술과 인문학, 그리고 정신 혹은 영혼과 관련된 모든 심오하고 근원적인 행위의 기반이 된다. 그러므로 흙의 감수성의 상실은 인간 정신과 영혼의 심각한 황폐화, 문학과 예술 및 인문학의 불모화로 이어질 수밖에 없다고 여겨진다.

나는 이 작은 책에서 내 마음에 존재하는 공동체―한때 실체적인 것으로서 이 세상에 존재했던―를 살려 내고자 했다. 그 공동체 속의 모든 유정물과 무정물은 흙을 중심으로 서로 연결되어 있었으며, 인간과 자연이 함께 엮어 낸 이 공동체 속에서 모든 것은 완벽하게 순환하며 생(生)과 사(死)를 이어 갔고, 유정물이든 무정물이든 모든 존재는 모두 놀라운 실존적 깊이와 독자성,

자기만의 색깔과 향기와 냄새와 움직임과 자취와 맛을 갖고 있었다. 인간이라고 해서 그 외부에 있는 건 아니었다. 나는 이 오래된, 그럼에도 조금도 퇴색하지 않고 늘 나의 지적·정신적 원천이 되어 준 풍경을 내 의식 속으로 끌어들여 재응시함으로써 풍경과 마음의 생태학적 관련을 가능한 한 절제된 방식으로 드러내고 싶었다.

    이 책에는, 그물코 출판사 장은성 사장의 주선으로, 홍성에 있는 풀무학교 학생들과 졸업생이 그려 준 그림들이 군데군데 실려 있다. 자연에 대한 깊은 눈과 순수한 마음을 가지신 분들의 그림이라서 그렇겠지만, 그림에 작위(作爲)와 속태(俗態)가 전연 없고 천기(天機)가 유동한다는 느낌을 받았다. 이 자리를 빌려 마음에서 우러나오는 감사를 드린다.

2007년 7월

12 유교와 한국문학의 장르

돌베개, 2008

유교는 중국에서 만들어진 사상이지만 한국, 일본, 베트남 등 동아시아 국가들에 큰 영향을 미쳤다. 특히 유교가 한국에 끼친 영향은 일본이나 베트남과 비교할 수 없을 정도로 막대하다.

이 책은 유교가 전통 시대 한국문학의 글쓰기에 어떻게 관여하고, 어떤 영향을 미쳤으며, 어떤 제약을 가했는지를 탐구하는 데 목적이 있다. 그런데 글쓰기란 언제나 '장르'를 매개(媒介)해 이루어진다. 생물학적 비유를 들자면, 하나하나의 글쓰기가 생명의 최소 단위인 세포에 해당한다면, 하나하나의 문학 장르는 특정한 세포들이 모여 이루는 특정한 조직과 같다고 할 것이다. 수많은 조직이 모여 기관을 이루고 급기야는 하나의 개체를 이루듯, 수많은 문학 장르가 모여 한국문학이라는 하나의 체계를 이루게 된다. 그러므로 유교가 한국문학의 글쓰기에 미친 영향을 살피기 위해서는 개별 작품을 하나하나 들여다보거나 부조적(浮彫的)으로 검토하기보다는 문학 장르를 논의의 중심에 놓고서 검토하는 쪽이 훨씬 효율적이고, 계통적이며, 체계적일 수 있다. 이런 이유에서 본서는 유교가 한국문학의 '장르'에 어떤 영향을 드리웠는가를 살피는 데 논의의 주안점을 두었다. 그렇기는 하나, 장르에 대한 논의는 결국 그 장르에 속한 작품들에 대한 논의로 이어질 수밖에 없는바, 이런 견지에서 본다면 본서의 논의는 곧 작품에 대한 논의이기도 하다는 점을 말해 두고 싶다.

    유교가 전근대 한국문학에 미친 막대한 영향력을 감안할 때, 유교가 한국문학의 장르들에 어떤 작용을 했는가를 묻는 것은 곧 전통 시대 글쓰기의 가장 중요한 본질을 묻는 일이 된다. 이 물음에는 당연히 다음의 질문들이 포함된다: 유교가 한국문학 장르의 형성과 전개에 어떤 관여를 했는가. 유교는 한국문학사가 펼쳐 보인 수많은 역사적 장르의 장르적 규범과 관습에 어떻게 그리고 어떤 방식으로 스며들어 있는가. 유교는 개별 장르들의 미학과 세계관에 어떻게 정초(定礎)되어 있으며 어떻게 내면화되어 있는가. 유교는 장르들의 질서와 체계에 어떻게 개입하고 있으며 또 그것을 어떻게 규율하고 있는가. 유교는 특정한 장르의 가이드라인 혹은 레드 라인을 어떻게 은밀히 규정짓고 있는가. 유교는 한국문학의 상상력에 어떤 작용을 했는가. 유교는 전근대 한국문학의 글쓰기에 어떤 음영(陰影)을 드리웠으며 어떤 특징들을 초래했는가. 유교의 경계 밖에 있는 장르들과 유교의 경계 내에 있는 장르들의 관계, 그리고 유교에서 이탈하고자 하는 지향의 글쓰기와 유교적 이념을 충실히 구현하는 글쓰기의 관계는 어떠한가. 유교가 한국문학의 장르적·문예적 '창안'에 기여한 점이 있는가, 있다면 무엇인가.

이처럼 본서는 유교와 문학 장르, 이 둘을 기축(基軸)으로 논의를 전개한다.

한국 유교와 관련해서는 최근 크게 두 가지 담론 태도가 눈에 띈다. 하나는 한국 유교에서 가능한 한 긍정적인 의미를 찾고자 하는 태도이고, 다른 하나는 한국 유교의 부정적인 면을 집중적으로 부각시키고자 하는 태도이다. 이 두 가지 태도에는 물론 제각각 그 나름의 이유가 있긴 하나, 모두 일면적이고 편향되어 있다는 점에서 나는 그 어느 쪽에도 동의하지 않는다. 긍정적인 의미만 부각시키고자 할 경우 결국 미화(美化)로 빠질 우려가 없지 않은데, 그렇게 되면 본의는 아닐지라도 실상을 은폐하거나 분식(粉飾)하는 꼴이 되고 만다. 부정적인 면만 들춰낼 경우 결국 자기 비하에 빠지게 되며, 유교가 갖는 또 다른 의미 있는 측면에 대해서는 색맹이 되고 만다. 사실 일방적인 긍정이나 일방적인 부정만큼 쉬운 일도 없을 것이다. 하지만 그것은 총체적 진실과는 거리가 멀며, 대개 단순하고 저급한 정신의 자기 정시(自己呈示)일 뿐이다.

　이런 점을 감안해 본서는, 유교의 공(功)과 과(過)를 모두 인정하고, 가능한 한 그것을 학문적 견지에서 냉철히 보려는 입장을 견지코자 한다. 그렇다고 해서 본서가 적당히 절충적 입장을 취하고 있는 건 아니다. 유교의 공과 과는 많은 경우 서로 분리하기 어렵게 맞붙어 있는바, 공 안에 과가 있고 과 안에 공이 있으며, 부정 속에 긍정이 담지되어 있고 긍정 속에 부정이 담지되어 있다. 우리는 불가피하게도 공 속에서 과를 보아 내야 하고 과 속에서 공을 보아 내지 않으면 안 된다. 사정이 이처럼 미묘하고 복잡하므로, 이건 괜찮지만 저건 나쁘다는 식의 평면적인 절충으로는 사태의 역동적 실상을 제대로 드러낼 수 없다. 그보다는 대상에 대해 엄정하고 비판적인 시각을 견지함으로써, 부정 속에서 긍정을 발견하고 긍정 속에서 부정을 재차 읽어 내는 것이 긴요하면서도 지혜로운 태도가 아닐까 한다.

　요컨대, 본서는 유교의 과(過)나 유교가 초래한 제약에 대해 극히 비판적인 시각을 취하고 있지만, 오히려 바로 이 때문에 유교의 공(功)은 정당하게도 긍정된다. 부정과 긍정은 대대적(待對的) 관계, 즉 서로 대립적이면서도 통일적인 관계 속에 놓이는 것이다. 이런 방법론적 전제는, 본서의 주제를 자유롭고 유연한 정신에 입각해 보다 실사구시적이고 깊이 있게 탐구할 수 있게 해 준다.

　한국문학 연구에서 장르에 대한 관심 내지 장르론적 논의는 1970년대와 80년대에 비교적 활발히 제기되었으나 그 이후로는 찾아보기 어렵다. 이는 그간의 한국문학 연구가 자료에 대한 논의나 실증적 논의 쪽에 치중하고 이론적 논의를 회피하는 경향을 보인 것과 관련이 있는데, 이 점 대단히 심각한 문제가 아닐 수 없다. 자체적인 이론 생산이나 이론 구성 능력이 없는 학문은 필경 쇠퇴하거나 사양길에 접어들고 만다. 이론을 통해서만 지적 능력의 최대치가 계발(啓發)되고, 인식 행위가 심원해질 수 있으며, 그때서야 학문은 자기 한계를 포함해 스스로를 객관적으로 보는 눈을 획득할 수 있게 됨으로써다. 말하자면 아이의 단계에서 어른의 단계로 이행하게 되는 것이다. 이 지경에 이르러야 학문은 자신의 고유성과 함께 진정한 의미에서의 성숙과 겸손을 갖출 수 있을 터이다. 요즘 '우리 학문의 세계화'를 많이 말하지만, 이 난관을 제대로 돌파하지 않고서는 공허한 구두선에 불과할 것이다.

　유교와 한국문학의 장르, 이 둘을 관련지어 본격적으로 연구한 저서는 아마 이 책 이전에는 없는 것 같다. 나는 이 책이 비단 전통 시대 한국문학의 장르라든가 글쓰기에 대한 연구로서만이 아니라, 한국 유교에 대해 특수한 접근을 시도한 책으로도 읽히기를 희망한다. 나는 이 책을 외국의 한국학 연구자들도 참조할 수 있도록 가능한 한 쉽고 간명하게 서술하고자 했으나, 과연 그렇게 됐는지는 장담할 수 없다. 아무쪼록 이 책이 한국학의 이론적 모색의 도정에 작은 보탬이 되기를 바란다.

2008년 2월

13 저항과 아만
『호동거실』평설

돌베개, 2009

이 책은 송목관(松穆館) 이언진(李彦瑱, 1740~1766)의 『호동거실』(衚衕居室)에 대한 평설이다.

원래 나는 돌베개출판사의 '우리고전 100선'에 넣을 요량으로 『호동거실』을 번역하였다. 그런데 막상 작업을 끝내고 보니, 그래서는 안 되겠다는 생각이 들었다. 두 가지 이유에서다. 즉, 아직 학문적으로 『호동거실』의 전모가 제대로 규명되지 않았다는 점과 『호동거실』의 시들이 퍽 난해하거나 문제적이어서 자세한 분석을 요한다는 점에서다. '우리고전 100선'의 체재는, 매 시(詩)마다 서너 줄의 간단한 해설을 붙이는 방식을 취하고 있는데, 이 중요한 작품을, 게다가 처음 번역된 이 작품을 이렇게만 하는 것은 작품에 대한 예의가 아니며, 연구자로서 무책임함과 불성실함을 보여 주는 게 아닌가 생각되었다. 그래서 『호동거실』을 '우리고전 100선'의 한 권으로 출판하는 일을 일단 보류하고, 『호동거실』에 대한 연구에 착수하였다. 이 책이 그 성과다.

　이 책은 두 가지를 목표로 삼고 있다. 그 하나는, 우리 고전문학사상 유례를 찾기 어려운 괴물이자 이단아인 이언진의 진면목을 복원하는 일이다. 이언진은 『호동거실』에 자신의 모든 것을 쏟아부었기에 이 시집을 제대로 읽기만 한다면 그것이 가능할 터이다. 이언진에 대한 지금까지의 연구, 『호동거실』에 대한 지금까지의 연구는, 대단히 불충분하고, 심도도 그리 깊지 않다. 이 책은 비록 작품을 쭉 따라가는 평설의 형식을 취하고는 있으나, 이언진의 생애, 사상, 문학사적·정신사적 위상 전반에 대한 새로운 해명을 시도하고 있다. 이언진은 죽기 얼마 전 '나처럼 미천한 사람의 글을 후세에 과연 누가 알아주겠나'라면서 자신의 원고를 불태워 버렸다. 나는 이 책을 집필하는 내내 이언진의 이 말을 한시도 잊은 적이 없다. 그래서 비록 나의 건강이 좋지 못함에도 불구하고 적어도 칠분의 힘은 이 책에 쏟지 않았나 싶다. 아무쪼록 이 책이 이언진의 정당한 조명에 보탬이 되었으면 한다.

　이 책의 두 번째 목표는, 한국 학계의 시 연구 수준을 좀 더 끌어올리는 일이다. 한국 학계의 시 연구 수준은, 고전시 연구든 근대시 연구든 그리 높은 편은 아닌 듯하다. 그리된 데는 여러 가지 이유가 있을 테지만, 무엇보다도 텍스트에 대한 엄밀한 읽기가 제대로 되고 있지 않다는 점이 제일 큰 문제가 아닌가 생각된다. 그래서 곧잘 자의적 해석이나 피상적 감상으로 귀착되고 마는 게 아닐까. 이런 점을 고려하여 나는 『호동거실』에 대한 클로스 리딩(close reading)을 시도하였다. 다시 말해, 최대한 자세히 시적 맥락을 따지고, 시어의 근원과 뉘앙스를 파헤쳐 들어가고, 시의 의미론적 지평을 음미하고, 역사적 견지에서의 비평을 시도하였다. 그래서 혹 구안자(具眼者)가 본다면, 자잘한 것까지 너무 세세히 언급한 게 아닌가라고 나무랄지도 모르겠다.

    하지만 나는 이 책이 학문에 입문한 지 얼마 되지 않은 젊은 한국문학 연구자들에게 특히 도움이 되었으면 하는 바람을 갖고 있다. 아무쪼록, 미세한 문제에서부터 세세히 따지고 확인하는 과정을 거쳐 마침내 큰 문제에 대해서까지 요모조모 사유하고 음미하는 데 이르는 이 책의 텍스트 읽기 방식이 필자가 염두에 둔 현재의, 그리고 미래의 독자들에게 비익(裨益)되는 바가 있었으면 한다.

    이 책은 다소 특이한 체재를 취하고 있다. 평설이 시작되기 전에 「독호동거실법」(讀衚衕居室法)이라는 긴 글이 나오고, 평설이 끝나면 「독호동거실후」(讀衚衕居室後)라는 짧은 글이 나온다. 「독호동거실법」은 이 책의 도론(導論)에 해당하고, 「독호동거실후」는 이 책의 결론이라고 보면 될 터이다.

　청초(淸初)의 탁월한 비평가 김성탄(金聖歎)은 『수호전』과 『서상기』에 대한 세간의 오해와 진부한 인식을 깨뜨리고 두 작품의 가치를 드러내기 위해 「독수호전법」(讀水滸傳法)과 「독서상기법」(讀西廂記法)을 각 책의 평설 앞에 붙였는데, 이 책의 「독호동거실법」은 김성탄의 이런 전례를 잇고 있다. 이언진은 『수호전』이나 『서상기』 같은 백화(白話)로 된 소설이나 희곡을 애독했는데, 특히 『수호전』은 구절을 욀 정도로 애독하였다. 이언진은, 김성탄이 교지(巧智)를 발휘해 『수호전』에 '독법'과 평설을 붙였음만 알았지 훗날 누군가가 눈을 반짝이며 자신의 글을 읽고서는 마음을 다해 거기에 '독법'과 평설을 붙일 줄을 생각이나 했겠는가.

　이처럼 하나의 시집을 대상으로 자세히 평설을 붙이고, 그 내적 구조를 밝히고, 시들 상호 간의 관계를 규명하고, 그 미학적·사상적 의의를 해명한 책은, 부족한 대로 본서가 처음이 아닐까 한다.

　사실 나는 오래전부터 이언진에 주목해 왔다. 한편으로는 그의 유별난 자아의식(自我意識) 때문이고, 다른 한편으로는 연암 박지원과의 관계 때문이었다. 그래서 이 책에서는 이 두 가지 점이 본격적으로 검토되고 있다. 이언진은 박지원의 '타자'(他者)다. 그러므로 우리는 이언진을 통해 박지원을 더욱 깊이, 그리고 더욱 냉철하게 이해할 수 있다. 이언진을 경유하면 박지원은 물론이려니와 조선 시대를 보는 새로운 눈을 얻게 된다. 이는 이 책을 써서 얻은 귀중한 소득의 하나다.

2009년 8월

개정판 서문

3년 만에 개정판을 낸다. 시 해석에 있어 나의 생각이 좀 달라진 곳도 있고, 동차서오(東差西誤)도 없지 않고, 또 좀 더 명확히 해 두고 싶은 곳도 있어서다.

하지만 이언진을 보는 나의 기왕의 인식틀에 변화가 있는 것은 아니다. 오히려 이 수정 작업을 통해 시인 이언진의 진가가 더욱 잘 드러나게 되었다고 생각한다. 개정판 원고를 넘기면서 나는 이언진에게 한층 덜 미안한 마음이 됨으로써, 나를 짓누르는 무엇으로부터 해방된 느낌을 받았다. 앞으로도 혹 생각이 바뀌거나 틀린 게 발견되면 계속 수정하고자 한다.

이언진의 시집 『호동거실』은 고통과 사랑과 분노와 항거의 언어로 채워져 있다. 이언진은 능소능대(能小能大)하기 이를 데 없어, 미소(微小)한 사적(私的) 영역과 거대한 공적(公的) 영역을 자유자재로 넘나들면서 서정시의 장르적 가능성을 한껏 확장하고 있다. 그 치열성과 진정성, 예술적·사상적 깊이, 인식의 해방성으로 볼 때 18세기 조선문학의 최고봉일뿐더러, 당대 동아시아 문학의 최고봉으로 간주해도 좋다고 나는 생각한다. 비단 그뿐이겠는가. 한국문학사 전체, 더 나아가 동아시아 문학사 전체를 통틀어 보더라도 이만한 울림과 깊이를 갖춘 시집은 달리 찾기 쉽지 않다. 이 점에서 이언진은 단지 동아시아 1급의 문인이기만 한 것이 아니라, 세계적 작가라 할 만하다. 비록 대부분의 한국인들은 잘 모르고 있을지라도.

2012년 6월

14

연암산문정독 2
역주·고이·집평

돌베개, 2009 [공저]

『연암산문정독』 제1책을 낸 지 어언 2년이 흘렀다. 그 책의 원고를 마무리할 즈음 단국대 연민문고(淵民文庫)에 연암의 각종 문고(文藁)들이 수장(收藏)되어 있음을 알게 되었다. 『연암산문정독』 제2책 원고는 2007년에 이미 탈고된 상태였지만, 이 새로운 자료들로 인해 보완이 불가피하게 되었다. 하지만 자료가 공개되지 않아 손을 놓고 기다릴 수밖에 없었다. 마침내 단국대 도서관은 작년에 자료의 일부를 피디에프 파일로 공개하였다. 실물에의 접근은 여전히 허용되지 않았지만, 우리는 이 피디에프 파일을 이용해 필요한 보완 작업을 진행하였다. 이에 『연암산문정독』 제2책을 상재(上梓)한다.
　연민문고의 새로운 자료들은 박영철본 『연암집』에 수록된 글들과 비교해 자구(字句)의 출입(出入)이 적지 않으며, 표현상 중요한 차이를 보여 주기도 한다. 이를 통해 연암이 얼마나 집요하게 글을 고치고 또 고쳤는지 알 수 있다. 한편 연민문고의 자료들에는 대부분 평점(評點)이 첨부되어 있으며, 이전에 보지 못한 새로운 평어(評語)들이 적지 않게 발견된다. 우리는 본서에 새로운 자료들의 이런 면모를 하나도 빠뜨리지 않고 반영하였다. 이 작업은 연암 글의 번역 못지않게 시간과 품이 많이 들고, 고심(苦心)이 필요하였다. 그럼에도 이런 종류의 작업은 별로 빛이 나지 않는다. 하지만 그런 건 상관없다. 중요한 것은, 이런 작업이야말로 우리 학문의 기초를 단단히 하고 우리 학문의 내공을 쌓는 일과 직결된다는 점일 터이다. 이 점에서 나를 비롯한 '연암산문정독'의 참여자들은 시류(時流)에 개의치 않고, 사명감과 책임감을 갖고 앞으로도 계속 묵묵히 매진코자 한다.

　우리는『연암집』에 없는 두 편의 글을 찾아 이 책에 실었다.「초정에게 보낸 편지」(與楚亭)와「형암에게 보낸 편지」(與炯菴)가 그것이다. 짧은 척독(尺牘)이지만, 천기(天機)의 유동이 느껴지는 글이다. 한편,『연암집』에「어떤 사람에게 주다」(與人)라고 모호하게 되어 있는 글제를 본서에서는「관재(觀齋)에게 윤회매(輪回梅) 사라고 보낸 편지」로 바꾸었다. 그리고 이 글과 관련된 이덕무의『윤회매 십전(十箋)』의 일부를 부록으로 첨부하였다.「『초록빛 앵무새의 모든 것』서문」(綠鸚鵡經序)과 관련해서도 이규경(李圭景)의『오주연문장전산고』(五洲衍文長箋

散稿)의 일부를 부록으로 첨부하였다. 한편, 『연암집』에는 「「이몽직 애사」 뒤에 적은 글」(題李夢直哀辭後)이 「이몽직 애사」에 부기되어 있으나, 하나의 독립된 글로 보는 것이 옳으므로, 본서에서는 각기 따로 수록하였다.

새로운 자료가 대거 쏟아져 나와 연암 연구가 바야흐로 새로운 단계로 접어드는 느낌이다. 연암 산문을 정독하는 일이 그만큼 더 힘들고 복잡하고 중요해졌지만, 우직한 자들에게야 이만큼 보람 있고 신나는 일이 또 있겠는가.

2009년 11월

15   연암과 선귤당의 대화
                    『종북소선』의 평점비평 연구

                                     돌베개, 2010

이 책은 선귤당(蟬橘堂) 이덕무(李德懋, 1741~1793)의 비평서인 『종북소선』(鐘北小選)에 대한 연구서다. 『종북소선』은 연암 박지원의 기문(奇文) 열 편에 비평을 가한 책이다. 지금까지 『종북소선』은 박지원의 자찬(自撰) 산문집으로 잘못 알려져 왔는데, 실은 이덕무가 글을 뽑고 평을 붙여 엮은 책이다. 전근대 동아시아에서는 이런 책을 '평선서'(評選書)라고 불렀으며, 하나의 독자적인 저술로 간주하였다.

    『종북소선』은 학계에 그리 널리 알려진 책이 아니며, 본격적인 연구도 이루어져 있지 않다. 하지만 이 책은 한국 비평사와 정신사에서 대단히 주목해야 할 문제적 저작이다.

    이덕무에 대해서는 이런저런 연구가 비교적 많이 축적되어 있다. 그러나 산문 비평가로서의 면모는 여태껏 연구된 적이 없다. 이덕무는 조선 시대 최고의 산문 비평가였다. 미학적 깊이와 통찰력, 정신적 높이에서 그를 능가하는 사람은 아무도 없었다. 그러니 이덕무의 가장 이덕무다운 점은 다름 아닌 바로 이 비평가로서의 면모에서 찾아져야 한다고 나는 생각한다. 그리고 이덕무의 비평가로서의 면모를 가장 잘 보여 주는 자료가 바로 이 『종북소선』이다.

박지원과 이덕무는 아주 가까운 벗 사이였다(흔히 이덕무를 박지원의 제자라고 하나 이는 잘못이다). 박지원은 당대에 이미 문장가로 이름이 높았다. 이덕무는 이런 박지원 산문의 정수(精髓)를 비평적으로 드러내기 위해 고도의 집중을 발휘하고 심혈을 기울여서 『종북소선』이라는 비평서를 저술했다. 그 결과, 이덕무는 작가와 비평가 간의 '대화적 관계'를 극대화하면서 동아시아의 비평사적 창안(創案)에 해당한다고 할 아주 독특한 비평 형식을 창조해 낼 수 있었다. 본서는 이덕무의 비평적 글쓰기에 내재된 이 중요한 미학적·존재론적 함의를, '존재관련'이라는 개념을 통해 해명해 내고자 하였다.

근대 비평은 객관성을 신비화하고 특권화한 탓에 작가와 비평가 간의 정신적 대화와 교감의 측면을 경시하였다. 그 대신 비평가는, 종종 작가가 이해할 수 없거나 알아듣기 어려운 고답적인 말로써 작가를 평하거나 작품을 재단함으로써, 비평가와 작가, 나아가 비평가와 독자 사이에 심각한 소통의 장애가 발생하게 되었다. 그리하여 비평가는 소수의 비평가끼리만 대화하거나, 허공에 대고 혼자 말하는 상황이 초래되고 말았다. 상호 이해와 대화를 홀시한 비평의 오만과 독주가 낳은 결과다. 이는 자칫 비평의 황폐화와 죽음을 초래할 수도 있다.

작가와 비평가 간의 '대화'로서의 면모가 강한 『종북소선』의 비평은, 만일 근대 비평의 눈으로 본다면 비객관적이고 느슨한 것으로 보일지도 모르지만, 기실 작가 및 독자와의 깊은 교감을 꾀하고 있으며, 이 점에서 간주관적(間主觀的)이고 소통적이다. 그것은 비평가 1인의 '영도적'(領導的) 주체성을 강조하는 근대 비평의 방식이나 태도와는 완전히 딴판이다. 따라서 근대 비평은, 동아시아 문화권에서 오랫동안 발전해 온 평점비평(評點批評)의 전통 위에서 성립된 『종북소선』 비평의 미학적·존재론적 전제로부터 뭔가 배울 점이 있지 않을까 생각한다.

평점비평에 대한 한국과 중국 학계의 연구 수준은 아직 그리 높지 않다. 이런 사정으로 인해 본서는 평어(評語)의 다양한 형식들에 함축된 미학적·문예학적 의미 관련을 이론적으로 하나하나 정초(定礎)하지 않으면 안 되었다. 또한 『종북소선』에는 실증적으로 규명해야 할 몇 가지 중요한 문제들이 존재한다. 이 문제들을 회피해서는 학문적인 깊이를 담보할 수 없다. 그렇기는 하나

이와 씨름하다 보니 본서의 어떤 부분은 논의가 좀 지리하게 된 면이 없지 않다. 본서의 제3장 제1절과 제5장 제1절이 그러하다. 혹 일반 독자 가운데 이 책을 읽는 분이 계시다면 이 부분은 건너뛰거나 맨 나중에 읽으실 것을 권한다.

 나는 4년 전 나의 연구실 학우들과 『종북소선』을 매주 강독하며 역주(譯註) 작업을 하였다. 돌이켜 생각하면 더없이 행복하고 즐거운 시절이었다. 본서는 그때의 공부가 바탕이 되었다. 당시 공동 작업한 『종북소선』 역주는 본서의 출간에 맞춰 별도의 책으로 출판될 예정이다.

 지상의 아름다운 것들이 급속하게 사라져 가고 있듯 전(全) 인격적인 인간관계 역시 목하 사라져 가고 있는 듯하다. 변변찮은 책이지만, 존재의 완전한 상호 이해를 꿈꾸는 사람들에게 이 책을 바치고 싶다.

              2010년 8월

16   나는 골목길 부처다
이언진 평전

돌베개, 2010

이언진(李彦瑱, 1740~1766)이 얼마나 문제적인 인물인지 아는 한국인은 그리 많지 않다. 일반인에게나 지식인에게나 이언진은 퍽 낯선 인물이다. 심지어 한국문학 연구를 업으로 삼는 사람들에게조차 이언진은 그리 익숙한 인물이 아니다. 그러니 그의 본래면목(本來面目)을 아는 사람이 몇이나 되겠는가.

나는 전작(前作) 『저항과 아만』에서 이언진의 대표작인 『호동거실』(衚衕居室)에 대한 평설을 시도한 바 있다. 작품을 자세히 읽어 가며 이언진의 생애에 대해 언급하고, 이언진의 미학과 사상을 여기저기서 음미하기는 했으나, 작품을 따라가며 한 것이다 보니 산만하고 두서없이 되고 말았다. 책의 형식 때문에 초래된 결과이기는 하나, 나 스스로 찐덥지 못했다. 그래서 이언진의 삶과 사상을 잘 정리해 보여 주는 책이 따로 필요하다는 생각을 하게 되었다. 그것이 이 책을 쓰게 된 동기다.

조선의 문호 연암(燕巖) 박지원(朴趾源, 1737~1805)은 30세 무렵 이언진의 전기를 쓴 바 있다. 지금 『연암집』 (燕巖集)에 실려 전하는 「우상전」(虞裳傳)이 그것이다. 잘 알려져 있다시피 박지원은 젊은 시절 「양반전」, 「예덕선생전」 등 아홉 편의 전(傳)을 지었는데, 「우상전」은 그중 한 편이다. 박지원이 쓴 전기 덕분에 이언진은 그 이름이 세상에 전할 수 있었다. 그렇기는 하나, 「우상전」은 9전(九傳) 중 최악의 작품이 아닌가 생각된다.

박지원이 유독 이 작품에 그리 공력을 기울이지 않아서 그리된 것일까? 그렇지는 않다. 박지원은 이 작품에 아주 큰 공을 들였음이 분명하다. 그렇다면 왜 그리 됐을까? 박지원이 견지한 진리 인식의 틀 때문이다. 박지원의 인식틀로는 이언진의 본래면목이 제대로 포착될 수가 없었다. 이언진은 박지원이 포착하거나 이해할 수 없을 만큼 미래를 향해 멀리 달아나 있었던 것이다. 박지원은 '어쨌건' 조선 왕조의 틀 안에 있었지만, 이언진은 조선 왕조의 틀을 부정하고 그 바깥으로 나가 버렸기 때문이다.

그러므로 나의 이 평전이 박지원이 쓴 이언진 전기에 대한 비판적 인식에서 출발한다는 사실을 여기서 명확히 해 두고 싶다.

『저항과 아만』에서는 시를 시로서 음미해야 한다는

점이 강조되었지만, 본서에서는 거기에 머물지 않고 시를 사상 진술의 과정으로 이해하는 관점이 취해진다. 이런 차이는 전자가 '시'에 대한 연구서인 반면, 후자는 '인간'과 '사상'에 초점을 맞춘 책인 데 기인한다. 이언진의 시를 사상 진술의 과정으로 이해하는 관점을 취하면 그를 단지 시인에 국한시키지 않고, 주목되는 사유 행위를 전개한 문제적인 지식인으로 인식하는 길이 열린다. 그럴 경우 이언진은 한국문학사만이 아니라, 한국 지성사의 아주 중요한 인물로 떠오르게 된다. 더 나아가, 거시적으로 동아시아 사상사의 맥락 속에서 이언진을 보는 시좌(視座) 역시 마련된다.

　나는 요 몇 년 새 한국학 글쓰기의 새로운 형식에 대한 모색을 나름대로 해 오고 있다. 인식과 사고의 진전 그리고 학문적 주체성은, 비단 내용에서만이 아니라 '형식'을 통해 담보된다는 믿음 때문이다. 본 평전의 구성과 체재는 한국 고전 인물전(人物傳)의 형식을 많이 활용하였다. 그리하여 먼저 입전(立傳) 인물의 생평(生平)을 시간적 계기 관계 속에서 개괄하고, 다음으로 인물의 본질적 면모를 공시적으로 고찰했으며, 마지막에 간단한 논평을 붙였다. 이 점에서 본 평전은 여느 평전과 다소 차이가 있으리라 생각한다. 필자는 삼십 대 때 한국 고전 인물전 연구에 많은 시간을 보냈는데, 당시의 분심(憤心)이 순전히 도로(徒勞)는 아닌 듯해 한번 웃는다.

전통을 어떻게 해석하는가, 과거의 인물을 어떻게 해석하는가는 우리의 현재를 어떻게 인식하고 미래를 어떻게 만들어 갈 것인가 하는 문제와 직결된다. 그러므로 전통과 과거의 스펙트럼을 다층적으로 읽어 낼수록, 그리고 전통과 과거를 피상적이 아니라 깊이 이해하면 할수록, 현재와 미래의 다양한 스펙트럼, 우리가 영위하는 삶의 심층을 좀 더 잘 읽을 수 있게 될 터이다. 이 점에서 전통과 과거는 우리의 미래를 비추는 거울인 것이다. 아무쪼록 이 책이 사람들의 인식을 여는 데 얼마간 도움이 되기를 바란다.

2010년 10월 26일

17

범애(汎愛)와 평등
홍대용의 사회사상

돌베개, 2013

  이제 이 책으로써 담헌 홍대용을 향한 나의 긴 학문적 여정을 마무리하고자 한다.
  나는 삼십 대 후반인 1990년대 초에 홍대용을 만났다. 약 20년 전이다. 그 당시 나는 학문의 목적 및 방법과 관련하여 큰 고민에 사로잡혀 있었다. 기존의 학문 패턴을 탈피해 학문의 틀을 새롭게 정초(定礎)하고 싶다는 욕구는 강했으나 암중모색만 했지 길을 찾지는 못하고 있었다. 내가 홍대용의 『담헌서』(湛軒書)를 읽은 것은 바로 그 무렵이다. 나는 이 책을 읽고 비로소 길을 발견할 수 있었으며, 마침내 한 걸음씩 앞으로 전진할 수 있게 되었다.
  홍대용과의 만남을 계기로 나는 1995년 겨울에 「한국고전문학의 전통과 생태적 관점」이라는 논문을 발표했으며, 1999년에는 『한국의 생태사상』이라는 책을 내게 되었다. 이후에도 홍대용의 탈화이론(脫華夷論)과 평화주의 사상에 관심을 쏟으며 공부를 계속하였다. 그렇기는 하지만, 나는 그의 사회사상 전반에 대한 연구를 진행하지는 못했다. 그래서 조만간 이 작업을 수행해야겠다고 늘 생각해 왔다. 그러던 차, 재작년 실시학사(實是學舍)의 요청으로 홍대용의 사회사상에 대한 논문을 집필하게 되었다. 나는 이참에 내가 몇 년 전부터 구상하고 있던 홍대용의 사회사상 연구에 착수하였다. 이 책이 바로 그 결실이다.

홍대용에 대해서는 기왕에 연구가 적지 않다. 특히 그가 주장한 '지전설'(地轉說)과 관련해 과학사 연구자들이 많은 관심을 보여 왔다. 하지만 홍대용 사상의 본령은 '사회사상'에 있다는 것이 나의 생각이다. 그의 자연과학 연구조차도 그것이 궁극적으로 향하고 있는 곳은 사회사상이기 때문이다. 따라서 홍대용 사상의 본래면목(本來面目)을 드러내기 위해서는 그의 사회사상의 내용과 성격을 심도 있게 검토할 필요가 있다. 이 점에서 우리 학계의 홍대용 연구는 아직 '본론'에 들어가지 못했다 할 것이다. 홍대용의 사상이 그 실상에 걸맞게 제대로 평가받고 있지 못하다고 내가 생각하는 건 이 때문이다.

이 책에서는 홍대용의 사회사상에 대한 전면적 고찰이 시도된다. 근래, 주로 '성리학-낙론(洛論)'과의 관련 속에서 그의 사회사상을 이해하고자 하는 경향이 있지만, 나는 그런 접근법에 동의하지 않고 홍대용 사상의 형성 계기를 좀 더 다면적으로 이해하고자 하였다. 그 결과 홍대용이 장자(莊子)와 묵자(墨子)를 주체적으로 원용(援用)한 데 주목하였다. 특히 홍대용 사회사상의 숙성(熟成) 과정에서 묵자는 대단히 중요한 인소(因素)다. 그럼에도 이 점에 대한 해명은 종전에는 없었다.

묵자는 유교를 국시(國是)로 삼은 조선에서 이단 중의 이단으로 간주되었으며, 전통 시대의 학자 중 묵자에 우호적인 태도를 보인 인물은 홍대용 외에는 찾아볼 수 없다. 중국에서도 묵자는 무시된 사상가였다. 묵자가 재조명된 것은 18세기 후반, 청조(淸朝) 고증학자들에 의해서였다. 하지만 홍대용의 묵자에 대한 관심은 청조 고증학자들의 영향을 받은 것이 아니라, 독자적인 것이었다.

유가(儒家)가 묵자를 미워하며 배척한 가장 큰 이유는 그가 '겸애'(兼愛)를 주장한 데 있다. 유가의 본령은 '차등애'(差等愛)에 있는데, 묵자의 겸애는 차별 없는 사랑, 곧 '평등애'(平等愛)이기 때문이다. 놀라운 것은 홍대용이 겸애를 진리로 받아들였다는 사실이나. 또한 주목되는 것은, 묵자의 겸애는 '사람과 사람'의 관계에 한정되지만, 홍대용은 이를 '사람과 사람'의 관계는 물론이려니와 '사람과 사물(즉, 자연)'의 관계 및 '자족(自族)과 타족(他族)'의 관계로까지 확장시켜 놓고 있다는 점이다. 이 책의 제목 중에 보이는 '범애'(汎愛)라는 말은 홍대용에 의해 확장된 이 새로운 겸애를 지칭한다. 사회와 자연을 아우르는 홍대용의 도저한 평등사상의 배후에는 바로 이 '범애'라는 개념이 자리하고 있다. 이로써 홍대용의 사상은 성리학은 말할 나위도 없고 기존의 유학을 뛰어넘는 면모를 지니게 되었으며, 인간학과 자연학 그리고 사회철학에 있어 전혀 새로운 패러다임을 만들어 내면서 호한(浩瀚)하고 혁신적인 세계관을 정초해 낼 수 있었다. 사상의 이런 스케일과 창의성은 조선에서는 물론이려니와 근세 동아시아에서 유례를 찾기 어렵다.

홍대용 사상 속의 '범애' 개념은 오늘날 우리가 사용하고 있는 '박애'라는 말과는 다르다. '박애'는 기독교적 연관을 갖는 말로서, 어디까지나 '인(人)-인(人)'의 관계에 초점을 맞추고 있다. 그 점에서 그것은 휴머니즘의 한계 안에 있다. 이와 달리 홍대용의 '범애'는 '인-인'만이 아니라, '인-물(物)'의 관계에까지 적용된다. 이 점에서, 자연에 대한 태도와 관점의 수정을 요구받고 있는—그것은 동시에 인간에 대한 관점의 수정과 연결되지만—현대인은 이 개념에 주목할 필요가 있지 않을까 한다.

종래 필자를 포함해 모든 연구자는 홍대용을 북학파의 일원으로 간주해 왔다. 본서는 이런 통설을 뒤집고 있다. 박지원이나 박제가가 대체로 생산력(生産力)의 향상에 치중한 개혁론을 주장했다면, 홍대용은 그와 달리 사회적 관계의 평등을 제고(提高)하는 데 중점을 둔 개혁안을 구상하였다. 북학론(北學論)은 비록 현실적이기는 하나 그 논리 구조가 퍽 단순한 데 반해, 홍대용의 사회사상은 대단히 심오하다.

근고(近古) 동아시아의 사상가 중 홍대용만큼 국내 문제 및 국제 관계에 있어서 '평등'의 이념을 관철시켜 간 인물은 없지 않나 생각된다. 그는 동아시아의 사상적 전통 속에 담지된 '평등'의 계기를 십분 끌어왔으며, 이를 자신의 창조적인 사상으로 재구성해 냈다. 그리하여 장자와 묵자만이 아니라, 낙론, 기철학(氣哲學), 양명학을 원용하였다. 서학(西學)도 예외는 아니었다. 그러므로 홍대용은 단순히 유가적 지식인으로 규정될 수 없다. 또한 특정한 중국 사상가를 추종한 아류적 사상가도 아니다. 그는 과감히 '정통'(正統)과 '이단'의 경계를 허물면서 새롭게 진리의 지평을 엶으로써 자기대로의 일가(一家)를 이뤄 낸, 대단히 독특하고 창의적인 사상가라고 해야 마땅하다.

주지하다시피 조선 후기에는 실학이 개화(開花)하였다. 그것은 새로운 사회, 새로운 세상에 대한 꿈꾸기로서의 면모를 갖는다. 그러므로 홍대용 사회사상의 진가와 고유성을 드러내기 위해서는 실로 다채롭게 전개된 조선 후기 실학의 사상사적 지형도(地形圖) 속에서 홍대용을 음미할 필요가 있다. 본서의 제5장은, 비록 그 분량상 책의 균형을 깨뜨리고 있긴 하지만, 순전히 이런 필요 때문에 서술되었다.

 이처럼 본서는 비록 홍대용의 사회사상에 대한 연구서이기는 하나, 조선 후기 실학사 내지 사상사를 보는 시각 자체를 수정하고 있어 여러 면에서 논쟁의 소지를 안고 있다. 설사 나의 생각이 모두 옳지는 않을지라도 문제 제기 자체, 그리고 다른 종류의 시각과 목소리 자체는 필요하고 의미 있는 게 아닌가 스스로 생각한다. 비판과 갱신(更新)이 없는 학문은 죽은 학문이다. 아무쪼록 질정과 편달을 바란다. 그 과정에서 우리 학문의 체력이 더욱 튼실해지고, 사유 수준이 좀 더 높아진다면 그보다 다행한 일이 있겠는가.

 물질적 부와 효율의 추구가 우리 삶을 행복하게 할 것인가? 검소와 절약의 가치를 전(全) 사회적으로 공유하고, 자기중심주의를 덜어 나가면서 사회적 평등의 수준을 제고하는 쪽에 힘을 쏟는 것이 우리의 삶을 행복하게 할 것인가? 문명은 과연 자연과 어떤 관계를 맺는 것이 바람직한가? 궁극적으로 이 지구상에서 인간은 어떻게 살아가는 것이 바람직하며 인간다운가? 홍대용의 사회사상을 연구하며 나는 이런 물음들을 다시 골똘히 묻지 않으면 안 되었다.

2013년 3월

18 능호관 이인상 서화평석 1·2

돌베개, 2018.

돌이켜 보면 나의 공부길은 문학 연구에서 출발해 사상사 연구를 거쳐 예술사 연구에 이르게 되었다. 문학 연구, 사상사 연구, 예술사 연구는 제각각 고유한 분야로서, 대상·방법·의제(議題)가 서로 많이 다르다. 하지만 이 세 분야는 공히 한국학의 핵심적 영역을 이루면서 연접(連接)해 있는바, 서로 깊은 관련을 맺고 있다.

그럼에도 근대 이래 한국 학계에서는 이 세 분야를 각각 따로 연구하는 관행이 굳어져 있으며, 세 분야를 넘나들거나 아우르며 연구하는 학자는 찾아보기 힘들다. 요컨대 근대 이래 한국학은 철저히 분과학문을 견지하고 있다 할 것이다.

물론 분과학문이 갖는 장점도 없지 않다. 이를테면 고도의 전문성 같은 것이 그에 해당할 터이다. 그러므로 분과학문의 장점에 대한 정당한 인식 없이 학문의 '융복합'만 외치다가는 오히려 얼치기 학문에 이르기 십상일 것이다.

하지만 그렇다고 해서 한국의 분과학문적 학문 관행이 정당화될 수는 없다. 분과학문의 틀에 갇혀서는 큰 스케일의 학문, 넓은 시각, 광폭(廣幅)의 상상력, 창발적(創發的) 사고가 나오는 것이 불가능하다. 대체로 주어진 틀에 안주하며 비슷한 방식, 비슷한 언어, 비슷한 주제로 연구하기 마련이다. 내가 보기에 최근의 한국학 연구는 실증적 연구가 주가 되고 있으며, 실증을 넘어 큰 문제의식, 큰 의제로 나아가지 못하고 있는 듯하다. 튼실한 실증이 중요한 것은 말할 나위도 없다. 하지만 거기에 그쳐서는 1차원적 학문에 머물 수밖에 없다.

1차원적 학문을 넘어서기 위해서는 논리, 사유, 문제의식이 필요하다. 한국학 연구는 전반적으로 여전히 논리력이 부족하지 않은가 생각된다. 더군다나 사유다운 사유는 좀처럼 발견하기 어렵다. 그러니 참신하거나 혁신적인 문제의식이 나올 리 없다. 이런 풍토에서 새로운 개념이나 새로운 이론의 창출을 기대할 수는 없다.

사유는 기본적으로 실증과는 다른 정신의 영역이다. 그것은 또한 재치나 입담과도 거리가 멀다. 실증 편향, 재치, 입담은 오히려 사유의 결핍을 보여 줄 뿐이다. 사유는 백척간두(百尺竿頭)에서 텍스트, 세계, 현실과 마주할 때 비로소 시작된다. 그러므로 고뇌와 응시와 침잠,

실존과 긴 호흡이 요구된다. 학자와 지식인의 책무도 이 지점에 이르러야 비로소 문제시될 수 있을 터이다.

　나는 인문학의 최핵심이 텍스트의 깊은 이해에 있다고 생각한다. 문학 작품, 역사적 기록, 철학적 담론, 사상적 문건, 그림, 서예 이 모두는 텍스트다. 텍스트에는 '인간'이 담겨 있다. 그러므로 텍스트의 이해는 최종적으로 인간에 대한 정당하고 심도 있는 이해를 목표로 삼는다. 우리가 생에서 늘 목도하는 바이지만 인간을 제대로 이해한다는 것은 얼마나 어려운 일인가.

　본서는 바로 이 '텍스트 읽기'와 관련된 책이다. 본서에서 연구 대상으로 삼은 텍스트는 능호관(凌壺觀) 이인상(李麟祥, 1710~1760)의 서화이다. 회화는 본서의 제1권에서 다루고, 서예는 제2권에서 다룬다.

　텍스트 연구에서 가장 중요한 것은 텍스트의 내적·외적 맥락에 대한 파악일 것이다. 이인상의 서화를 제대로 읽기 위해서는 텍스트와 관련된 전기적 및 문학적·사회적·정치적·사상적·예술적 맥락을 종횡으로 검토하지 않으면 안 된다. 이는 결국 이인상이라는 인간을 하나의 텍스트로서 구명(究明)하는 작업에 해당한다. 그러므로 이인상의 서화에 대한 연구는 근원적으로 이인상의 정신과 의식에 대한 연구라고 말할 수 있다. 즉 서화를 매개한 인간 연구인 것이다.

　본서는 이처럼 텍스트의 내적·외적 맥락을 추궁하

기에, 궁극적으로는 예술사에 대한 해명을 목표로 삼고 있으면서도, 예술·문학·사상 이 3자의 관련을 집요하게 따지며 그것에 전체적 일관성과 질서를 부여하고 있다.

이 점에서 본서는 그 연구의 방법론과 자세에 있어 분과학문의 체제를 완전히 벗어나 있다고 할 것이다. 본 연구가 기존의 이인상 서화 연구와 다른 점, 더 나아가 한국에서 이루어진 기존의 어떤 예술사 연구와도 차별되는 점은 본서가 취하고 있는 바로 이 연구 방법론과 자세에서 기인한다.

이인상의 서화에 대한 연구는 비단 18세기 전·중기 조선의 문학사·예술사·사상사만이 아니라, 근세 동아시아의 문학사·예술사·사상사에 대한 우리의 인식을 한 단계 끌어올려 주리라 기대한다. 뿐만 아니라 본서의 연구를 통해, 18세기 후반 조선의 문학사·예술사·사상사는 물론이려니와 19세기 전반 조선의 문학사·예술사·사상사에 대한 계통적 혹은 대비적(對比的) 이해가 가능해짐으로써 우리의 안목이 좀 더 넓어지고 높아지리라 기대한다.

이처럼 이인상 연구는 단지 이인상과 그의 시대(겸재 정선이 바로 이 시대에 속한다)에 대한 이해의 도모에만 그치는 것이 아니라, 18세기 후반에 활동한 연암 박지원과 19세기 전반에 활동한 추사 김정희(이 두 사람은 모두 이인상을 존경하였다)의 시대를 바라보는 하나의 새로운 시좌

(視座)를 획득하게 해 주며, 이 두 거물의 문학과 사상의 특질, 그리고 그 예술적 성취에 대한 좀 더 심도 있는 이해와 함께 그 인간학적 인식의 심화를 가능케 하는 하나의 의미 있는 준거(準據)를 획득하게 해 준다. 이 점에서 본서는 차후의 한국학 연구에 기여하는 바가 적지 않으리라 생각한다.

내가 이인상 연구에 착수한 것은 지난 세기 말인 1998년이다. 나는 우선 그의 문집인 『능호집』(凌壺集)의 번역부터 시작하였다. 이 책을 면밀하게 읽으면 이인상을 알 수 있으리라 기대해서였다. 3년쯤 걸려 번역을 마치자 이인상이 어떤 인간인지 대강의 윤곽이 잡히는 느낌이었다. 하지만 이인상과 교유한 사람들의 실체라든가 이인상의 생애와 관련해 새로운 의문점들이 많이 생겨났다.

연구가 답보 상태에 빠져 있을 때 나는 운명처럼 이인상의 후손가에서 『뇌상관고』(雷象觀藁)와 조우(遭遇)하였다. 2005년 봄이다. 『능호집』이 간본(刊本) 문집이라면 『뇌상관고』는 초본(草本) 문집이다. 『뇌상관고』에는 『능호집』에 없는 내용이 많았다. 나는 『뇌상관고』를 면밀히 검토하면서 이인상의 상(像)을 다시 그리게 되었고, 이인상과 관련한 의문들을 적잖이 해결하게 되었다.

애초 이인상에 대한 나의 관심은 사상사적 문제의식에서 비롯된 것이지만 이 무렵부터 나는 이인상의 서화

쪽으로 관심을 확장하게 되었다. 이로 인해 나는 이전의 공부길에서 겪어 본 적이 없는 큰 난관에 봉착하게 되었다. 최대의 난관은 서화 자료의 열람에 있었다. 실물을 보고 싶었지만 미술사학의 바깥에 있는 나에게 그런 기회가 쉽게 제공되지는 않았다. 이런 제약 속에서도 나는 여러 분의 도움을 받아 이인상의 서화를 일부나마 실견할 수 있었다. 하지만 문제는 실견의 어려움에만 있는 것이 아니었다. 또 다른 난점은 서화의 사진 파일조차도 쉽게 얻을 수 있는 일이 아니라는 점이었다.

이런 애로 속에서도 나는 10년에 걸쳐 차곡차곡 자료를 축적해 갔다. 이인상의 서화 자료를 수집하기 위해 나로서는 최대한 노력을 기울였지만 그럼에도 내가 미처 접하지 못한 자료들이 없지 않으리라 생각한다. 이런 한계가 없는 것은 아니나 적어도 현재 알려져 있는 이인상의 서화는 하나도 빠뜨리지 않고 이 책에서 모두 다루었다.

종전에 거론된 이인상의 서적(書跡)은 30점 안팎이다. 나는 많은 작품들을 새로 찾아내 본서에서 총 131점을 다루었다. 그림은 새로운 작품의 발굴이 쉽지 않아, 본서에서 기존의 목록에 보탠 작품은 둘에 불과하다. 〈수루오어도〉(水樓晤語圖)와 〈영지도〉(靈芝圖)가 그것이다. 〈수루오어도〉는 종래 이윤영의 작품으로 알려져 왔다.

이 책은 초고 작성에 3년이 걸렸으며, 초고를 고치

고 다듬고 보완하는 데 3년이 걸렸다. 꼬박 6년 동안 나는 다른 일에 일절 눈을 주지 않고 오로지 이 일에만 매달렸다. 이 기간 중에 나는 가간사(家間事)로 어려움을 겪기도 했지만 그 힘든 시간 속에서도 이 일을 손에서 놓지 않았다.

나는 학인으로서 이인상 연구를 통해 일정한 향상(向上)이 있었다고 생각한다. 다른 문인이나 예술가를 보는 눈만이 아니라, 나무나 바위나 구름을 보는 눈도 이전보다 깊어진 것을 스스로 깨닫는다. 인문학자로서의 보람으로 여기며 감사한 마음을 갖고 있다.

이인상이 그토록 강조한 '독립불구'(獨立不懼: 홀로 서 있되 두려워하지 않음)의 정신을 나는 이 책을 집필하는 내내 잊은 적이 없으며, 지금도 그러하다. 학문 역시 결국은 '독립불구' 아니겠는가.

2018년 9월 5일

19

한국고전소설 연구의
방법적 지평

알렙, 2019

헌사

천기태 선생님께 이 책을 바친다.

나는 '야담' 연구로 학문에 입문하였다. 석사 논문을 준비하느라 『청구야담』(靑邱野談)을 읽을 때 맛본 희열과 감동은 이후 평생 내 학문의 원천이 되었다. 문학 연구에 있어 '서사'(敍事)의 중요성이 뇌리에 강하게 각인된 것도 이때부터다. '서사'는 본질적으로 인간의 삶 및 역사와 관련된다. 그러므로 이십 대 이래 나의 학문적 여정은 이 둘을 내핵(內核)으로 삼아 변주되고 확장되어 온 것이라 말할 수 있을 듯하다.

　1980년 12월 초 나는 집을 나와 두 달 가까이 도피 생활을 해야 했다. 시국 사건으로 수감된 벗 고세현(전 창비사 사장) 군이, 위험하니 얼른 피신하라는 전갈을 보내왔기 때문이다. 그래서 『청구야담』과 논문 초고만 챙겨 급히 집을 나왔다. 나는, 앞으로 학문을 계속하지 못할지도 모른다는 생각을 하면서도, 추운 골방에 숨어 형편 되는 대로 초고를 고치고 또 고쳤다. 이듬해 1월 말, 전두환이 대통령으로 취임한 후 미국을 방문했는데, 이 때문에 일시 유화적 국면이 조성되었다. 원래대로라면 논문 심사는 전년도 12월에 종료되어야 했으나 당시 학교가 봉쇄되어 학사 일정이 정상적으로 진행되지 못하고 있었다. 2월이 되어 비로소 학교 출입이 가능해졌다. 이에 가까스로 논문을 제출할 수 있었다.

비록 피신 중에 원고를 다듬기는 했으나 여건상 흡족하게 고치지 못했다는 자책감이 그 후 늘 따라다녔다. 그래서 이 책을 준비하면서 옛 글을 다시 손보고 보완하였다. 그러니 나로서는 이 논문이 이제야 비로소 '종결' 되었다는 느낌을 갖게 된다. 어언 38년 만이다.

야담 연구를 통해 고전 서사의 중요성을 깨닫게 된 나는 이후 판소리계소설, 인물전, 전기소설(傳奇小說) 등으로 관심을 확장해 갔다. 이들 장르에 생(生)의 감각과 역사적 감수성이 비교적 풍부히 담지되어 있다고 생각해서다.

이 책에 실린 논문들은 모두 내 나이 쉰 이전에 발표

된 것이다. 이십 대에 쓴 논문이 3편, 삼십 대에 쓴 논문이 7편, 사십 대에 쓴 논문이 5편이다. 생각해 보면 그때마다 혼신의 힘을 쏟아 최선을 다해 쓴 논문들이지만, 그래도 가장 마음이 가는 논문은 이십 대에 쓴 「청구야담 연구」와 「춘향전의 역사적 성격 분석」이다. 아마 가장 어렵고 암울한 시기에 쓴 글이기 때문이 아닌가 한다.

나는 삼십 대 전반에 인물전 연구에 몰두한바 『한국고전인물전연구』와 『조선후기 전(傳)의 소설적 성향 연구』가 그 성과다. 삼십 대 후반에는 전기소설(傳奇小說) 연구에 매진했던바 『한국전기소설의 미학』이 그 성과다. 이 세 책에 본서를 더하면 고전 서사에 대한 나의 연구가 모두 망라된다. 진작 묶어 정리했어야 하는데 새로운 일을 찾아 앞으로 전진하기에 바빠 이제야 책을 펴낸다.

이 책의 출간을 계기로 나의 공부길을 돌이켜 보면 나는 고전 서사 연구로 학문의 기본을 다졌으며, 그 과정에서 인간, 사회, 역사를 보는 눈을 기르고, 텍스트의 맥락을 정확히 읽어 내는 훈련을 해 온 듯싶다. 이 힘이 바탕이 되어 통합인문학을 구상해 사상사 연구와 예술사 연구로 나아갈 수 있었다고 생각한다.

본서의 글들은 '방법론'에 대한 관심이 그 중핵을 이룬다. 하지만 지금의 연구자들은 이론과 방법론에는 그다지 관심을 쏟지 않는 듯하다. 다소 무거워 보이는 이 책의 문제의식과 지향은 그러므로 지금의 시류에는 안

맞는 것일지도 모른다. 하지만 서사 연구만큼, 세계·현실·역사·인간의 삶에 대한 비판적 성찰이 필요한 영역은 없으며, 이 점에서 그것은 부단한 방법론적 물음과 모색을 요한다. 그러니 설사 이 책이 시류에는 부합하지 않을지라도, 뭔가 변화를 꿈꾸는 연구자들, 특히 학계를 새로 이끌어 나갈 젊은 연구자들에게 얼마간 생각할 거리를 줄 수 있지 않을까 기대한다.

2019년 7월 19일

18세기 통신사 필담 1
1711·1719년

서울대학교출판문화원, 2019 [공저]

나는 금세기 초에 일본 토오쿄오 대학에 1년간 방문교수로 있은 적이 있다. 그때 내가 특별히 한 생각 중 하나는 한국의 국문학자는 가능하다면 일본 연구를 부전공으로 하는 게 좋겠다는 것이었다.

일본에서 한일 양국을 조망해 보니, 일본이 한국을 연구해 온 두께에 비해 한국이 일본을 연구해 온 두께는 너무도 빈약하였다. 그래서 나는 한국에서 학문에 종사하는 분이 여력이 있어 부전공으로 일본학을 한다면 그보다 다행한 일이 없겠다는 생각을 하게 되었다. 국문학은 한국 학문을 대표하는 학문 분야의 하나다. 그래서 국문학에 종사하는 학자들부터 이 방면으로 좀 학문적 관심을 확장하면 어떨까 하는 생각을 하게 된 것이다.

특히 일국적(一國的) 관점을 벗어나 동아시아적 시각으로 국문학을 공부하고자 할 경우 단지 중국에만 관심을 가질 것이 아니라 일본의 역사·사상·문학에 대한 공부로 시야를 넓히는 일이 불가피하고 긴요하다. 생각하기에 따라서 그것은 국문학의 외연과 맥락을 확대하는 일이다. 차후 국문학은 이처럼 확대된 외연 속에서 보다 고양되고 자립적인 '자기의식'을 갖게 될 수 있을 것이다.

나는 이런 고민을 안고 귀국했으며, 이후 내가 지도하는 학생들에게 국문학도로서 일본학을 부전공 삼아 공부하는 것이 좋겠다는 생각을 누차 피력하였다. 뿐만 아니라 나 역시 국문학 연구와 병행해(혹은 국문학 연구의 일환으로) 일본학을 연구하는 길을 계속 모색해 왔다.

그러던 중 나는 통신사 필담 자료에 주목하게 되었다. 나는 동학들 몇 사람에게 에도(江戶) 시대 일본에 대한 공부 삼아 통신사 필담에 대한 착실한 해제 작성을 목표로 공동 작업을 할 것을 제안하였다. 통신사 필담에는 문학에 대한 담론만이 아니라 역사·사상·문화에 대한 담론이 두루 담겨 있어, 그간 내가 주장해 온 '통합인문학'의 취지와도 부합된다고 여겨졌다.

나는 이 작업이 궁극적으로 국문학 연구에 어떤 도움이 되는지, 그리고 21세기에 수행되어야 할 좀 더 통합적인 인문학 연구에 어떤 선취적(先取的)인 의의가 있는지를 참여자들에게 설명하였다. 그런 후 작업의 방향을 수립하고, 작업의 범위와 방식을 정했다.

연구의 범위를 일단 18세기의 필담 자료로 한정한 것은 이 시기의 필담이 가장 흥미롭고 중요하다고 판단했기 때문이다. 장차 기회가 주어지면 17세기의 필담 자료와 19세기 초의 필담 자료도 마저 정리할 수 있기를 바란다.

이 책의 해제는 흔히 보는 해제와는 성격이 상당히 다르다. 비록 해제라는 글쓰기 방식을 취하고 있기는 하나 학문적 밀도와 충실성을 담보하기 위해 형식과 내용에 있어 많은 고심을 한 결과다.

나와 해제 집필자들은 작성한 해제를 한 달에 한 번 모여 같이 검토하면서 글의 통일성을 기하고, 글쓰기의 방식을 다듬고 정련(精鍊)하는 한편, 해제 작성에서 겪는 각자의 고충을 토로하며 그 해소책을 함께 강구하였다.

다행히도 이 작업은 서울대학교 규장각한국학연구원의 한국학장기기초연구사업에 선정되어 2년간 지원을 받게 되었다. 그리하여 2012년 6월에 일단 일을 끝냈다. 이후 함께 계속 원고를 고치고 다듬었으며, 마침내 2014년 서울대학교출판문화원에 원고를 넘겼다. 원고를 넘기고 나서도 보충하거나 보완하는 일을 거듭하는 바람에 책의 출판이 늦어졌다.

본 해제서는 2책으로 출판된다. 1711년과 1719년의 필담에 대한 해제가 제1권이고, 1748년과 1764년의 필담에 대한 해제가 제2권이다.

거진 10년이 걸린 이 작업에 집필자로 참여한 사람은 김대중, 이경근, 이효원, 박상휘, 김수영, 강혜규, 김지윤이며, 필담 탈초 작업은 김채식이 맡았다.

이 해제 작업은 그간 일본에서도 한국에서도 이루어진 적이 없는 미답(未踏)의 영역인 만큼 어려움이 퍽 많았다. 통신사 필담 자료는 거의 전부가 일본 여러 곳에 분산 소장되어 있어 이를 확보하는 것이 여간 어렵지 않았다. 게다가 일본 에도 시대에 대한 각종 참고 자료가 국내에 태부족(太不足)한 점도 큰 난관이었다.

이효원이 일본의 필담 자료를 수집하기 위해 헌신적으로 노력했다는 사실을 여기에 특별히 명기해 두고 싶다. 그는 2010년 8월에 토오쿄오에 가 1차 자료 수집을 했고, 이듬해 1월 오오사카, 쿄오토, 텐리(天理), 나고야, 타카츠키(高月) 등 칸사이(關西) 지역을 돌며 2차 자료 수집을 했으며, 이해 8월 큐우슈우 지역과 토오쿄오에 가 3차 자료 수집을 했다. 수집한 자료는 무려 총 183종이다.

해제자들 중 이효원, 박상휘, 이경근 3인은 박사 학위 논문의 주제를 이 작업과 연관된 것으로 잡았다. 2015년, 이효원은「『해유록』의 글쓰기 특징과 일본 인식」으로, 박상휘는「조선 후기 일본에 대한 지식의 축적과 사고의 전환」으로 박사 학위를 받았으며, 이경근은 1748년 통신사 서기(書記)의 직임(職任)을 띠고 일본을 방문한 우념재(雨念齋) 이봉환(李鳳煥)의 문학 연구를 주제로 현재 박사 논문을 준비 중이다.

    본서는 한국에서 이루어진 일본의 방대한 1차 자료에 대한 학문적 정리라는 점에서 학술사적 의의가 크다고 생각된다. 본서의 성과는 한일 교류사, 일본 사상사, 한일 문학 교류사, 동아시아 문학사 등의 연구에 참조되거나 활용될 수 있을 것이다. 아무쪼록 본서가 이들 학문 영역의 활성화에 기여함으로써 한국 학문의 폭을 확장하는 데 보탬이 되기를 기대한다.

2019년 10월

21 통합인문학을 위하여

돌베개, 2020

　인문학이 위기라고들 한다. 인문학 무용론을 말하는 사람도 있고 인문학을 실용 학문으로 바꿔야 한다고 주장하는 사람도 있다. 그런가 하면 인문학과 공학, 인문학과 IT 기술을 융합하는 쪽으로 나아가야 한다고 주장하는 사람도 있다. 이런 주장들은 그 근저에 인문학은 실용적으로 도움이 안 되니 실용에 도움이 되게 만들어야 한다는 생각이 굳건히 자리하고 있다는 점에서 공통적이다.
　인문학이 위기라고 하지만 정작 무엇이 위기인지를 따진 책을 만나기는 쉽지 않다. 본서는 인문학의 위기가 무엇이며 왜 초래되었는지를 따지는 데서 시작한다.
　한편 인문학 위기의 타개 방안으로는 인문학의 문화 콘텐츠화, 인문학의 대중화, 인문학의 다학제적 연구 등이 현재 제기되어 있다. 본서는 이런 방안에 어떤 문제점이 있는지를 검토한다.

본서에서 말하는 '통합인문학'의 '통합'이라는 개념은 '융합'이나 '융복합'이라는 개념과 큰 차이가 있다. 물론 학문의 경계를 허물며 새로운 지적 지평을 열고자 한다는 점에서 일치하는 바가 없는 것은 아니다. 하지만 둘은 인문학에 대한 인식과 그 존재론적 규정에 있어 근본적인 상위(相違)가 있다. 단적으로 말해 지금 한국에서 운위되고 있는 학문의 융합(혹은 융복합)은 '실용성' 혹은 '자본'과의 관련에서 자유롭지 않다.

본서에서 제론(提論)되는 통합인문학은 다학제적인 인문학 연구와도 큰 차이가 있다. 다학제적인 인문학 연구는 현재 인문학의 분과학문적 한계를 돌파하고자 하는 문제의식은 있으나 급변하는 현재의 문명 상황에서 인문학을 어떻게 재규정해야 하는가에 대한 고민이나 문제의식은 갖고 있지 않다. 이 때문에 실용성 담론에 재포획될 우려가 있다. 이와 달리 통합인문학은 인문학이 연구 주체와 대상에, 그리고 우리가 살고 있는 이 세계와 우리의 삶에, 어떤 의미가 있는지를 묻는 데서 출발한다. 그러므로 실용성 담론에 포획되지 않으며, 역설적으로 실용성을 뛰어넘는 지점에서 실용성과 연결된다.

통합인문학은 기본적으로 어학, 문학, 역사, 철학, 예술 등 인문학 내부의 여러 분과학문을 통합적으로 연구하는 것을 일차적 목표로 삼는다. 그렇다고 통합인문학이 지금의 학문 분류 체계 내에서 인문학 밖에 있는 학문인 사회과학이나 자연과학과의 통합적 연구로 나아가는 길이 닫혀 있는 것은 아니다. 만일 제대로만 된다면 그런 연구는 장차 많을수록 좋을 것이다. 하지만 큰 통합을 주장하는 것이 능사는 아니다. 책임지기 어려운 큰소리를 하기는 오히려 쉬운 일이다. 지금과 같은 인문학의 위기 상황에서 정말 필요한 것은 현재 우리의 학문 역량을 십분 고려해 구체적인 실천을 염두에 둔 방안을 구상하는 일일 것이다. 이에 본서는 인문학의 내부 정비, 인문학의 새로운 구축이라는 데 초점을 맞춰 논의를 전개한다.

통합인문학에 대한 구상과 제안은 저자의 그간의 연구 경험에 기초해 있다. 저자는 한국 고전문학 연구에서 출발해 사상사 연구를 거쳐 예술사 연구에 이르는 공부 길을 걸어왔다. 시간으로 치면 40여 년이니 짧은 세월은 아니다. 본서는 저자가 이 기간 동안 스스로 통합인문학을 수행하면서 하게 된 생각과 성찰들을 묶어 하나의 담론으로 정립한 것이라고 말할 수 있다.

본서는 2부로 구성된다. 제1부에 실린 「분통문답」은 올해 4월에 새로 쓴 글이다. 홍대용을 본떠 문답 형식으로 현재 학문의 상황과 통합인문학의 개요를 논했다. 가장 최근에 쓴 글이니만큼 저자가 도달한 사유의 최종 지점을 보여 준다고 할 수 있을 것이다. 제2부에는 4편의 글이 실려 있다. 첫 번째의 「21세기에 국문학 연구가 가야 할 길」은 1998년 성산학술상의 수상 소감으로 작성한 글이다. 이 글에는 비록 아직 '통합인문학'이라는 말은 나오고 있지 않지만 그리로 나아가는 저자의 사고의 궤적이 드러나 있다. 두 번째의 「통합인문학으로서의 한국학」은 2005년 한림대학교 한림과학원 한국학연구소에서 '21세기 한국학, 어떻게 할 것인가'라는 주제로 개최한 학술 대회에서 발표한 글이다. 저자는 이 글에서 통합인문학을 처음 공론화했다. 세 번째의 「학문, 삶, 글쓰기」는 『오늘의 문예비평』 2013년 겨울호에 실린 글이다. 당시 김경연 편집 주간의 부탁을 받아, '삶과 독서와 글쓰기'라는 특집 기획에 부응하여 쓴 것인데, 비록 글의 성격상 통합인문학을 본격적으로 논의한 것은 아니나 인문학과 삶의 관련, 인문학의 사회적 책무에 대한 저자의 생각이 피력되어 있다. 네 번째의 「디지털 시대의 학문하기」는 2018년 한림대학교 한림과학원에서 '새로운 과학 패러다임 시대의 인간과 가치'라는 주제로 개최한 제10회 일송학술대회에서 발표한 글이다. 이 글은 미증유의 사태라고 할 정보 기술의 질주 시대에 인문학의 과제와 책무가 무엇인지를 통합인문학적 견지에서 되짚어 본 것이다.

    학문의 통합이나 융합을 말하는 사람은 여기저기 많다. 하지만 그런 주장을 학문적으로 묵묵히 실천하는 사람은 좀처럼 발견하기 어렵다. 학문은 말이 아니라 실천으로 보여 주지 않으면 안 된다. 본서의 통합인문학 담론에는 저자의 오랜 학문적 실천이 담보되어 있다. 아무쪼록 이 책이 한국 인문학의 혁신에 도움이 되기를 기대한다.

       2020년 5월 26일 자야(子夜)

22 엄마의 마지막 말들

창비, 2020

헌사

어머니께 이 책을 바친다.

나의 어머니는 2018년 10월부터 와병 생활에 들어가 다음 해인 2019년 10월 24일 세상을 하직하셨다. 나는 이 기간 동안 '휴업'을 하고 어머니에 전념하였다.

어머니는 말기 암과 알츠하이머성 인지저하증이라는 이중의 어려움에 직면해 있었지만 그럼에도 끝까지 최소한의 주체성을 놓지 않으셨다. '보기'와 '말하기'가 그것을 가능하게 했다.

어머니는 몇 군데의 호스피스 병동을 전전하시다가 여의도성모병원의 호스피스 병실에서 숨을 거두셨다.

이 과정에서 나는 현 호스피스 의료 체계의 실상과 문제점을 비교적 자세히 접할 수 있었다.

지난 1년 동안 나는 어머니의 보호자이자 관찰자이자 기록자였다. 대학에서 문학 연구와 인문학을 전공하는 나는 죽어 가는 어머니가 남긴 말들에 특히 깊은 인상과 감명을 받았다. 어머니는 구순의 고령이신데다가 기력이 극도로 쇠한 말기 암 환자이고 인지저하증이 있으셨기에 말을 잘 하지 못하셨다. 게다가 병원에서 늘 향정신성 약물을 투여받고 있었으므로 수시로 혼돈 상태에 빠지곤 하셨다. 어머니의 한두 마디 말은 대체로 이런 극한 상황 속에서 이따금 나온 것이었으므로 얼핏 보면 대개 전후 맥락이 없는 의미 없는 말처럼 보이기 일쑤였다. 하지만 나는 시간이 지나면서 어머니의 이 말들이 모두 의미가 없는 말들은 아니며 단지 의미가 해독되지 못하고 있을 뿐이라는 사실을 발견하게 되었다.

그러므로 이 책은 어머니의 말들에 대한 '나'의 의미 해독에 해당한다. 세상의 모든 어머니와 자식들이 대개 그러하듯 나의 어머니와 나 또한 아주 특별한 존재관련 속에 있었다. 이 특별한 존재관련 때문에 나는 어머니의 말들 속으로 들어갈 수 있었고 그 맥락을 깊이 이해할 수 있었으며 그 오랜 내밀한 기억들을 소환할 수 있었다.

그렇긴 하지만 이 책은 나와 내 어머니의 사적인 기

록만은 아니다. 인문학은 실존과 사회적 문제의식이 분리되지 않는다. 나는 인문학자로서 사적 자아와 공적 자아를 무시로 넘나들면서 나의 어머니에 대한 기록을 통해 삶과 죽음에 대한, 사랑의 방식에 대한, 인간의 최소 주체성에 대한, 우리 사회가 말기 암 환자와 인지저하증 환자에 대해 갖고 있는 일반적 편견에 대한, 호스피스 의료를 담당하는 의료진의 윤리의식과 책임에 대한, 내 생각의 일단을 개진하였다. 이 생각들은 궁극적으로 어머니의 말들에서 촉발된 것이었다.

2020년 2월 27일

에필로그

　엄마의 죽음의 과정은 삶의 과정과 직결되어 있었다. 즉 엄마가 평생 살아온 과정과 방식이 죽어 가는 과정과 방식을 결정했다. 엄마는 죽어 가면서도 평생 늘 해 오신 말들을 했고 늘 해 오신 걱정들을 했으며 늘상 눈을 주곤 했던 대상들에 눈을 주셨다. 엄마 평생의 사랑의 방식은 죽어 가는 과정에도 관철되었다. 나는 이 점을 감동적으로 지켜봤다.

　엄마는 말기 암과 알츠하이머성 인지저하증이라는 2개의 극한에 직면해 있었지만 그럼에도 인간의 최소한의 주체성을 끝까지 놓지 않으셨다. 그 주체성은 아주 얇고 작은 것이어서 주체성 없음과의 경계를 수시로 오가는 것이었고 그래서 보통의 사람들 같으면 무시해 버릴 수도 있었을 테지만 나의 눈에는 아주 의미 있고 중요한 것으로 비쳤다. 그것은 인간이 끝까지 인간일 수 있는 이유, 극심한 정신적·신체적 혼돈 속에서도 인간이 사물이 아니라 인간임을 말해 주는 근거이자 징표였다. 말하자면 엄마는 인간과 비인간의 경계에서 끝까지 인간으로서 버티며 의미의 끈을 놓지 않으셨던 것이다. 그래서 최소한의 인간 존엄을 스스로 지킬 수 있었다. 하지만 그것은 아주 힘겹고 어려운 일이었으며 가족과 의사와 간호사와 간병인, 그리고 의료 체계가 돕고 뒷받침해 주지 않으면 불가능한 일이었다. 뒤집어 말하면 가족의 이해와 협조, 세심한 판단이 없다면, 의사와 간호사의 윤리적 의식과 헌신적 보살핌, 전문적일 뿐만 아니라 인간적으로 정위(定位)된 의료 행위가 없다면, 간병인의 주의 깊고 적절한 돌봄이 없다면, 호스피스 의료에 대한 국가와 사회의 뒷받침과 배려가 없다면 불가능한 것이었다. 이런 복합적·중층적 요인 때문에 엄마는 어느 병원 호스피스 병동에 계시는가에 따라 상태가 크게 달라지셨으며 엄마의 최소 주체성이 쪼그라들거나 소멸되기도 했고 잘 유지되거나 최대한도로 발현되기도 했다. 가족으로서 이것을 지켜보는 일은 마치 천당과 지옥을 오가는 것처럼 어떤 때는 더할 나위 없이 기쁜가 하면 어떤 때는 한량없이 괴로웠다.

자식인 나는 병원에서 엄마의 '보호자'로 간주되었으며 이 말이 뜻하는 것처럼 엄마를 '보호'해야 할 막중한 책임이 있는 사람이었다. 보호자인 나는 어떤 의미에서 엄마의 빈 주체성을 메워 주는 보조자였다. 그래서 나는 수시로 엄마를 대신해 판단하고 결정해야 했고 엄마의 입장이 되어 엄마의 생명을 지켜야 했다. 혹시라도 내가 잘못 판단하거나 잘못 결정하거나 하면 당장 엄마의 생명이 위태롭게 될 수 있었다. 바로 이 책임감 때문에 무척 힘들었고 시종 전전긍긍해야 했으며 엄마가 돌아가신 뒤에도 회한이 남았다. 그때 다른 판단, 다른 선택을 했더라면 엄마에게 좋았을 텐데, 엄마가 고생을 조금이라도 덜했을 텐데, 왜 그렇게 하지 못했을까 하는 생각이 떨쳐 버려지지 않아서다.

그런데 엄마는 과연 자신이 원하는 죽음의 방식을 맞은 것일까? 그렇지는 않다고 생각된다. 왜냐면 나는 병실에서 엄마가 죽지도 못하는 것을 개탄하시는 말을 몇 번이나 들었기 때문이다. 나는 엄마가 병실에 꼼짝없이 누워 지내는 자신의 신세를 직시하며 슬퍼하시는 모습을 자주 목도한 바 있다.

이리 본다면 엄마가 호스피스 병동에서 죽음을 맞은 것은 엄마의 주체적 선택의 결과가 아니라 어떤 거역할 수 없는 흐름에 떠밀린 결과라 할 것이다. 설사 그 흐름이 꼭 잘못된 것은 아니며 당시로서는 최선의 것이었다 할지라도 말이다. 그렇다고 한다면 엄마는 비주체적으로 조성된 상황에서 최후까지 인간의 최소 주체성을 견지하신 게 된다. 이것은 꼭 엄마만의 고유하고 특수한 상황이라기보다 인간 일반이 처한 상황을 보여 주는 것으로 해석될 수도 있을지 모른다.

여기까지 생각해 오면 '그러면 나는 어떻게 죽어야 하나'라는 물음이 제기된다. 엄마는 어쨌든 고통과 혼돈 속에서도 인간의 최소 의미를 방기하지 않은 채 돌아가셨지만 내가 엄마의 죽음의 방식을 따를 수는 없는 일 아닌가? 엄마는 엄마대로의 사랑의 방식이 있었고 그것이 죽어 가는 과정 속에서 자신을 버티게 하며 빛과 의미를 발했지만 내게는 그런 사랑의 방식이 없지 않은가? 엄마의 평생 살아온 삶의 방식의 중심에 엄마의 사랑의 방식이 자리하고 있었고 그것이 죽음의 방식에까지 이어졌지만 나의 평생 삶의 방식은 엄마의 그것과는 다르기에 죽음의 방식 역시 달라질 수밖에 없는 것이다.

여기에서도 삶과 죽음은 하나라는 진리가 관철됨을 볼 수 있다. 즉, 산 대로 죽는 것이다. 나는 외롭되 자유롭고 자유롭되 외로운 삶을 살아왔다. 가능한 한 남으로부터 방해받지 않고 나의 주체성을 최대한 지키며 살려고 노력해 왔으며 또 그리 살아왔다. 그러므로 죽음도 외롭되 자유롭게 주체적으로 맞는 것이 내가 살아온 삶의 방식과 부합한다고 할 것이다. 그런 죽음의 방식이 구체적으로 어떤 것인지 그 선택지에 무엇이 있는지는 지금부터 잘 모색해 보려고 한다.

엄마를 보내고 나니 내 삶은 엄마가 계실 때와 안 계실 때로 확연히 나뉜다는 생각이 든다. 바야흐로 초로에 접어든 만큼 이제부터 내가 원하는 죽음의 방식을 골똘히 생각해 나가지 않으면 안 되게 된 것이다.

2020년 2월 27일

23 능호관 이인상 연보

돌베개, 2022

헌사

함께 걸으며 능호관의 그림에 대한 이야기를 주고받았던 고 신광현 교수를 기억하며

능호관(凌壺觀) 이인상(李麟祥, 1710~1760)에 관심을 갖고 공부한 지 20년이 넘었다. 그사이 나는 사십 대 초반에서 육십 대 후반이 되었다. '소년이로학난성'(少年易老學難成)이라는 말을 실감하게 된다. 한 인간의 삶을, 그것도 세계와 불화했던 한 인간의 삶을 오랫동안 자세히 들여다보는 건 그리 상서로운 일이 아니다. 슬픔이 깊어지기 때문이다.

한 인물에 대한 충실한 연보는 문학 연구, 역사 연

구, 사상사 연구의 초석이 된다. 오늘날 중국에서는 '연보학'이라고 할 만한 분야가 탄탄하게 자리 잡고 있다. 하지만 한국에서는 그렇지 못하다.

연보는 한 사람의 사적(事蹟)을 연대순으로 기록한 것을 이른다. 이 경우 '사적'은 인물의 외적 행위가 주가 된다. 하지만 본서는 이런 일반 연보와 달리 인물의 외적 행위는 물론 그 '실존'과 '내면 풍경'까지도 기술하고자 했다. 이 점에서 필자는 새로운 종류의 연보를 시도했다고 생각한다. 연보는 한·중·일 세 나라의 학문에 모두 존재하므로 이 시도는 비단 한국학만이 아니라 동아시아 인문학 전체에 하나의 문제 제기가 될 줄 안다. 본서에 의하면 연보는 단지 보조적 연구에 그치는 것이 아니라 그 자체로서 하나의 독자적이며 독특한 '인간학'적 보고(報告)이며, 지적 건축물에 해당한다.

이인상은 시인이자 산문가, 화가, 서예가였다. 또한 그는 사상과 이념에 깊은 관심을 가졌던 당대의 문제적 지식인이었다. 요컨대 이인상은 여러 영역을 넘나들며 활동한 인물이다. 본 연보는 '통합인문학'적 방법을 따름으로써 이인상의 이런 다양한 면모를 충실히 기술하고자 했다.

나는 2016년에 『능호집』 번역본을 냈고, 2018년에 『능호관 이인상 서화평석』을 낸 바 있다. 이 책들이 있었기에 이인상의 연보를 집필할 수 있었다.

2015년 10월부터 나는 이인상의 문집 초본인 『뇌상관고』(雷象觀藁)의 번역을 주관해 오고 있다. 『뇌상관고』는 시고(詩稿)와 문고(文稿)로 구성되어 있는데, 시고는 내가 이끄는 강회(講會)에서 작년 봄에 초벌 번역을 끝냈고, 문고 역시 비슷한 시기에 김대중 교수가 주도하여 초벌 번역을 끝냈다. 내가 이인상 연보 작성에 착수한 것은 2016년이다. 마침 연보를 마무리할 무렵 『뇌상관고』의 초벌 번역이 끝나 연보를 보완하는 데 큰 도움이 되었다.

이 책은 이인상의 연대기가 주축이 되고 있지만 그럼에도 이인상의 연대기로만 한정되지 않으며, 이인상 주변의 인물들, 특히 단호그룹에 속한 인물들의 연대기이기도 하다. 그리하여 이인상과 단호그룹의 인물들을 따라가며 18세기 전·중기 조선의 시대정신(Zeitgeist)의 추이를 탐색하고자 했으며, 더 나아가 이 시기 동아시아의 추이를 조망하고자 했다.

무릇 학문은 어떤 시대든 어떤 공동체에서든, 그 고유의 힘을 갖는다. 이 힘은 공동체의 향방이나 인간 삶의 방향에 작용하기에 엄중하다. 학문 고유의 이 힘을 '학문력'(學問力)이라고 부른다면, 학문력이 상대적으로 큰 시대나 공동체가 있는가 하면, 작은 시대나 공동체가 있기도 하다고 생각된다.

오늘날의 한국은 과연 어떠한가? 학문의 힘을 학문

력이라고 하듯 예능의 힘을 '예능력'이라고 부를 수 있다면, 지금 한국의 예능력은 누가 보더라도 엄청나다고 하지 않을까. 그와 달리 학문력, 특히 인문학의 학문력은 점점 더 왜소해지고 있는 것으로 판단된다. 이것은 우리 모두에게 아주 좋지 않은 징후로 느껴진다. 이런 상황에서 나의 이 책이 '지금', '이곳'의 학문력의 향상에 조금이라도 도움이 되기를 기대한다.

만일 한국학 연구자가 저마다 자신이 관심을 둔 인물 가운데 한 사람을 택해 평생 공력을 기울여 그 연보를 작성한다면 한국학의 학문적 기초는 지금보다 훨씬 더 탄탄해질 수 있을 것이다. 그리고 이를 토대로 한국학은 그 외연을 더욱 확장하면서 더 높고 심오한 방향으로 나아갈 수 있을 것이다. 아무쪼록 나의 이 책이 그 한 '예시'가 되었으면 한다.

2022년 2월 22일

24   한국고전문학사 강의 1·2·3

돌베개, 2023

2020년 3월, 코로나 바이러스가 전 지구적으로 확산되어 팬데믹이 선포되자 대학의 수업 방식이 비대면으로 전환되었다. '줌'(Zoom)으로 하는 비대면 수업은 퍽 낯설고 거북했지만 교수든 학생이든 이에 적응해 갈 수밖에 없었다.

그렇게 한 해가 지나고 2021년이 되었다. 나는 이해 8월이 정년이었다. 1학기에 내가 강의할 학부 과목은 '한국고전문학사'였다. 나는 매 학기 학부 수업 하나, 대학원 수업 하나를 맡아 왔으므로, 이 과목은 나의 마지막 학부 수업이 될 것이었다. 마침 주변에서 정년을 기념하는 의미로 학부 강의를 녹음하면 어떻겠는가 하는 제안이 있었다. '줌'으로 하는 강의라 기술적으로 녹음이 아주 수월하며, 공간적으로 멀리 있는 동학들도 여건만 되면 강의에 얼마든지 참여할 수 있다고 했다. 그리고 추후 녹음된 것을 글로 옮겨, 만일 내가 동의한다면 책으로 출판하면 좋겠다고 했다. 나는 이 제안에 흥미를 느꼈다. 그래서 깊이 생각하지 않고 그리해 보자고 했다.

　나의 고전문학사 수업은 전공 필수 과목으로 보통 30명쯤 수강한다. 그런데 이번 학기에는 61명이 수강했다. 이상한 일이라 첫 수업 시간에 학생들에게 왜 그런지 물었다. 대답인즉슨 이번 학기를 끝으로 더 이상 내 수업을 들을 수 없다고 해서 수강 신청을 많이들 한 것이라 했다. 그 말을 듣는 순간 '학생들을 실망시켜서는 안 되겠구나' 하는 생각이 엄습했다. 이 때문에 매 강의마다 열과 성을 다한 듯싶다.

　특이한 점은, 비대면 강의임에도 불구하고 결석하는 학생들이 거의 없었으며, 학생들의 집중하는 표정이 대면 강의를 능가했다는 사실이다. 학생들이 몰입하면 할수록 교수도 몰입하게 된다. 몰입도가 높아지면 강의는 신이 난다. 매 시간마다 그랬으며, 6월 강의가 종료될 때까지 이런 상태가 지속되었다. 이 때문에 나는 이 마지막 학부 강의가 내 정신이 가장 고양된 상태에서 이루어졌다고 생각한다. 이는 순전히 학생들 덕이었다. 학생들의 집중된 눈, 학생들이 보여 준 열의가 나로 하여금 나의 공력을 최대한 발휘하게 만든 것이다. 그래서 나는 이 자리에서 61명의 학생들 모두에게 감사를 표하고 싶다.

　수강생은 꼭 국문과 학생만이 아니었다. 언어학과,

국사학과, 서양사학과, 철학과, 미학과, 아시아언어문명학부, 인류학과, 언론정보학과, 간호학과, 경영학과, 기계공학부, 재료공학부, 화학생물공학부, 디자인학과, 자유전공학부 등 다양한 전공의 학생들이 이 과목을 수강했다. 나는 이 다양성에 고무되었다. 한국 고전문학사는 이 땅에서 삶을 영위해 온 사람들의 삶과 생각과 정신의 역사로서 한국 인문학의 핵심 중의 핵심이라고 말할 수 있다. 한국인이라면, 그리고 최소한 교양인이라면 알아야 할 '나'와 '과거'의 연관성으로 가득하기 때문이다.

한국 고전문학사는 다룰 내용이 굉장히 많다. 그러니 한 학기 강의로는 어려움이 있다. 하지만 커리큘럼상 한 학기에 끝내게 되어 있으니 어쩔 도리가 없다. 그래서 나는 오래전부터 중요한 주제, 주요한 작가나 텍스트 중심으로 이 과목을 운영해 왔다. 학생들에게 고지식하게 교과서적으로 강의하느니 문학사의 긴요한 문제와 의제를 툭툭 던져 가며 도발적으로 지적 자극을 주는 쪽이 학생들의 흥미를 훨씬 더 유발한다는 사실을 진작 알았기 때문이다. 나의 마지막 강의도 대체로 이 방식을 따랐다.

그렇기는 하지만 교수와 박사급 연구자들도 청강하는 마당에, 게다가 녹음까지 하는 마당에, 비록 한 학기 강의에 이것저것 다 다룰 수는 없다 할지라도 하다 만 듯한 강의를 할 수는 없었다. 적어도 내가 우리 문학사에서 중요하다고 여기는 현상이나 작가나 작품은 되도록 빠뜨리고 싶지 않았다. 그러다 보니 예전에 25강쯤 했던 강의가 30강을 넘어섰다. 이를 한 학기에 소화하는 것은 무리다. 그래서 공휴일에도 강의를 해야 했으며, 6월 늦게서야 겨우 종강할 수 있었다. 그럼에도 이 책에는 꼭 다루어야 함에도 미처 다루지 못한 것들이 없지 않다. 이 때문에 못내 아쉬운 마음이다. 아무쪼록 독자들은 이 점을 양해해 주시기 바란다.

내 수업은 월요일과 수요일 오후 2시에 시작되어 75분 뒤인 3시 15분에 종료하게 되어 있다. 하지만 곤란하게도 이 시간에 강의가 종료되지 않는 날이 많았다. 그럴 경우 다음 수업이 있거나 다른 볼일이 있는 학생들은 얼른 나가게 하고, 계속 강의를 듣고 싶은 사람들만 남아서 듣게 했다. 물론 기말시험(중간시험은 시간을 아끼기 위해 보지 않기로 했다)은 75분 강의 내용 중에서만 출제하기로 약속했다. 61명 수강생 가운데 절반쯤이 남아서 계속 강의를 들었다. 이야기가 길어질 때는 4시가 되어서야 끝날 때도 있었다. 질의응답 시간을 충분히 가졌기에 더 많은 시간이 소요되었다. 하지만 워낙 진지한 질의들을 해 주어 간단히 답하기가 좀 미안해 자세히 말할 수밖에 없었다.

이렇게 시간을 더 늘려 강의할 수 있었던 것은 비대면이기에 가능했다. 대면 수업이었다면 강의실을 얼른

비워 줘야 하기 때문에 정해진 시간에 허겁지겁 강의를 끝내지 않으면 안 되었을 것이다. 그뿐만 아니라 먼 곳에 있는, 가령 일본 오오사카에 있는 야마다 교오코 교수 같은 분이 나의 강의를 청강할 수 있었던 것도 비대면이기에 가능했다. 예전에 나는 비대면 수업으로 인해 교수와 학생의 '총체적 조우'의 기회가 싹 다 날아가 버렸다고 개탄하곤 했는데, 비대면 수업에 시공간적 제약을 뛰어넘는 장점이 있기도 하다는 사실은 알지 못했던 것이다. 아무튼 이 책은 비대면 강의의 장점을 최대한 활용한 결과라 할 것이다.

 6월 하순 강의가 종료된 직후, 녹음된 파일을 타이핑 전문가에게 맡겼다. 문자로 입력된 원고가 나에게 모두 전달된 것은 2021년 12월이다. 이 원고를 안준석·황정수 두 동학이 분담해 검토하며 문자 입력 과정의 오류를 대강 바로잡는 일을 몇 달간 했다. 2022년 5월, 나는 1차 수정된 원고를 모두 건네받았다.

 나는 이 원고의 일부를 돌베개의 한철희 사장에게 보내어 한번 읽어 봐 달라고 했다. 한 사장은 곧바로 전화해 내용이 흥미롭고 재미있어 일반인이 읽어도 좋겠다며 출판해 보자고 했다. 이에 출판하기로 방향을 잡고, 원고를 좀 수정하고 보완하는 작업을 꾀했다.

 서울대에서 오랫동안 한국 고전문학사 강의를 맡아 하면서 내가 특히 주안점을 둔 것은 다음 세 가지였다. 첫째, 문학사 공부를 통해 '문학·역사·사상'에 대한 거시적 이해의 폭을 넓히고 인문학적 안목을 넓히는 것. 둘째, 문학사 속에 등장하는 다양한 인간들을 통해 '인간'에 대한 이해를 심화하는 것. 셋째, '나'와 '타자'의 관계에 대한 인식을 확대함으로써 나의 정체성과 타자에 대한 이해를 확충하는 것.

그래서 통상 하는 것처럼 사실이나 지식을 나열하는 방식으로 문학사를 가르치는 대신, 문학사에 등장하는 인간들의 '마음'이나 '정신'을 들여다보는 데 힘을 쏟았다. 문학사에 나타난 인간의 다양한 마음과 대면함으로써 삶과 세계에 대한 우리의 인식을 크게 확장할 수 있다고 보아서다. 이 책은 문학사 공부에 대한 나의 이런 특별한 지론에 바탕하고 있다.

나는 대학에서 한국 고전문학을 40년 가까이 가르쳐 왔다. 지금 대학에서 한국 고전문학은 대체로 따분하고 재미없는 것으로 간주되어 학생들의 기피 과목이 되고 있는 실정이다. 학생들이 한국 고전문학을 이렇게 인식하는 것은 고등학교에서든 대학에서든 대개 지식과 사실 위주로 한국 고전문학을 가르치는 데 기인한다. 그러니 학생들은 한국 고전문학에서 마음으로부터 우러나는 벅찬 감동을 느끼기 어렵다. 이리 보면 학생들이 한국 고전문학이 재미없다는 통념을 갖고 있는 건 그리 이상한 일이 아니다.

하지만 한국 고전문학 자체가 따분하고 재미없는 것은 아니다. 한국 고전문학은 심오하고 치열하며, 의미 있고 감동적인 것으로 가득하다. 문제는 이를 읽어 내는 안목과 방법이다. 이것이 없으니 무미건조한 지식 전달 위주의 방식에 매달리게 된다. 그 결과 한국 고전문학에 내포된 사유와 정신은 방기된다.

한국 고전문학사는 한국 고전문학의 역사이다. 얼핏 생각하기에 한국 고전문학도 어렵고 재미없는데 한국 고전문학사는 오죽할까 싶을 수 있다. 물론 한국 고전문학사를 지식과 사실 위주로 풀면 따분할 수 있다. 하지만 그런 접근법을 버리고 문학사 속 인간들의 희로애락과 고뇌, 그들의 이상과 꿈과 좌절, 그들이 지녔던 열망, 그들이 삶의 간고함 속에서도 끝내 포기하지 않았던 가치들에 눈을 돌리면, 문학사는 우리에게 이전과는 완전히 다른 것으로 현전(現前)한다. 이 경우 문학사는 지금의 내 삶과 연관을 갖게 되며, 현재적 의미를 획득한다. 이 책은 이런 문학사를 목표로 하고 있다.

이 때문에 나는 이 책을 꼭 한국 고전문학을 공부하는 사람이나 문학을 전공하는 사람만이 보기를 바라지 않는다. 그런 분들은 물론이려니와 일반인들도 이 책을 읽기를 바라는 마음 간절하다. 왜냐하면 이 땅에서 살아온 사람들의 다양한 삶과 그 굴곡에 대한 공부가 자신의 삶을 응시하고 자신의 삶을 풍부히 하는 데 도움이 되리라 생각하기 때문이다.

2023년 7월 10일

25 김시습, 불교를 말하다
『청한잡저2』와 『임천가화』

돌베개, 2024

김시습(金時習, 1435~1493)은 한국 문학사와 사상사에서 대단히 문제적인 인물이다. 그는 『금오신화』(金鰲新話)라는 불후의 소설을 남긴 문학가일 뿐 아니라 인민적 입장에서 활발한 사상 행위를 전개한 사상가이기도 하다. 그런데 문학가로서의 김시습은 널리 알려졌지만, 사상가로서의 김시습은 그리 잘 알려져 있지 않은 듯하다.

김시습은 유교만이 아니라 불교에도 조예가 깊었다. 그는 평생 유교와 불교를 넘나들며 사상을 모색했던바, 이 점에서 대체로 둘 중 어느 하나에 속한 채 사상 행위를 했던 전통 시대의 여느 사상가와 구별된다.

그렇기는 하나 바로 이 점으로 인해 김시습 사상의 본래면목은 여태껏 제대로 이해되지 못했다. 김시습은 평생 백척간두에서 자신이 지키고자 하는 바를 끝까지 지키다가 생을 마감한 인물이다. 하지만 죽은 지 몇 백

년이 됐건만 여전히 그 사상이 온전히 요해(了解)되고 있지 못한바 이에 대해 나는 오래전부터 애석한 마음을 품어 왔다.

김시습 사상이 제대로 이해되지 못한 데에는 김시습 사상 자체에 제일 큰 원인이 있다. 김시습은 유교적인 글을 쓰기도 하고 불교적인 글을 쓰기도 했으며, 도교에 관한 글을 쓰기까지 했다. 뿐만 아니라 김시습은 어떤 때는 승려로서의 정체성을 표방했으며, 어떤 때는 유자(儒者)로서의 정체성을 표방했다. 더 문제는 승려로 자처할 때 불교만이 아니라 유교에 대한 글을 썼고, 유자로 자처할 때 유교만이 아니라 불교에 대한 글을 썼다는 사실이다.

그렇다면 김시습의 사상적 정체성은 무엇인가? 이 물음 앞에서 사람들은 김시습을 유(儒)·불(佛)·도(道) 삼교를 회통시킨 사상가라 보기도 하고, 유교를 중심에 둔 채 불교를 포섭한 사상가로 보기도 하며, 불교에 귀의했다가 유교로 돌아선 사상가로 보기도 하고, 심유적불(心儒跡佛) 즉 마음은 유교이지만 겉으로 드러난 행적은 불교로 보기도 하는 등 이설이 분분하다.

이 문제를 제대로 규명하기 위해서는 김시습이 남긴 유교에 대한 텍스트와 불교에 대한 텍스트를 두루 검토하며 통합적으로 연구할 필요가 있다. 하지만 우리 학계의 연구 풍토는 유교 텍스트를 연구하는 학자는 유교 텍스트만 연구하고 불교 텍스트를 연구하는 학자는 불교 텍스트만 연구하는 것이 관행으로 굳어져 있다. 분과학문에 충실하다 보니 그리된 것이다. 그러다 보니 『열반경』(涅槃經)에서 말한 '군맹무상'(群盲撫象)의 상황이 초래되었다.

　김시습의 사상 세계에서 유교와 불교가 각각 어떤 지위를 점하는가, 또 유교와 불교가 어떤 관계를 맺고 있는가에 대한 논의만 문제가 있는 것은 아니다. 김시습의 불교 사상 자체에 대한 논의도 충분히 제대로 이루어지지 않았다. 그래서 김시습이 쓰지도 않은 책이 김시습이 쓴 책으로 둔갑해 통용되고 있는가 하면, 김시습이 묵조선(默照禪)을 했다는 근거 없는 주장이 유포되어 있기도 한 실정이다. 우리는 김시습이 싯다르타를 여하히 이해했고, 불교의 본질을 뭐라고 봤으며, 불교 교리에 어떤 태도를 취했고, 권력과 불교의 관계에 어떤 입장을 취했는지, 그리고 그의 불교관이 생애에 따라 어떻게 변화해 갔는지, 이런 점에 대해 통 알지 못한다.

　나는 어쩌다 지난해에 유교와 불교를 막론하고 김시습이 쓴 저술들을 두루 읽을 기회가 있었다. 유교와 관련된 글이야 젊은 시절 이래 익히 보아 온 것이지만 불교와 관련된 글은 그동안 등한시해 왔는데 이번에 그중 일부는 번역까지 하면서 깊이 들여다보았다. 특히 김시습의 '불교론', 즉 불교에 대한 담론에 해당하는 『청한잡저 2』(淸寒雜著二)에 큰 흥미를 느꼈다. 이 책은 김시습의 문집 『매월당집』(梅月堂集)에 실려 있음에도 불구하고 지금껏 별로 주목받지 못했다. 최근에 그 존재가 알려진 김시습의 불교 필기(筆記) 『임천가화』(林泉佳話)도 구해 읽어 봤는데 이 책 역시 불교론에 해당했다. 그러니까 김시습의 불교론 저작은 이 둘이 있는 셈이다.

김시습의 이 두 책은 불교를 '대상화'해 바라보고 있음이 특이하다. 그리하여 불교란 무엇인가, 불교는 정치와 인민의 삶에 도움이 되는가, 부처의 가르침은 어디에 그 본질이 있는가, 깨달음이란 무엇인가, 사찰은 무엇을 하는 곳인가, 승려의 본분은 무엇인가 등등에 대해 이야기하고 있다. 전근대 동아시아에 불경을 해석하거나 불서(佛書)의 요지를 밝힌 책은 수없이 많지만 정작 이런 종류의 책은 찾아보기 어렵다. 그러니 이 점에서도 김시습의 창발적 면모가 확인된다고 하겠다.

그리하여 나는 이 두 저술을 대상으로 김시습의 불교론에 대한 탐구를 시작했다. 그 과정에서 나는 김시습 사상의 총체상을 연구하기 위해서는 먼저 김시습의 불교 사상을 그 생애를 따라가며 검토하는 것이 필요함을 깨닫게 되었다. 말할 것도 없이 여기에는 당연히, 김시습이 그의 전 생애에 걸쳐 유교와 불교에 대해 어떤 태도를 취했으며 그의 사상 세계의 실제적 면모가 어떠했는가에 대한 문제의식이 깔려 있다.

이 책은 실질상 2부로 구성되어 있다. 제1부는 김시습의 불교론에 대한 연구이고, 제2부는 김시습 불교론이 개진된 두 저작인 『청한잡저 2』와 『임천가화』에 대한 역주이다. 제1부는 애초 두 저작에 대한 해제 삼아 간단히 쓸 요량이었는데, 쓰다 보니 다루어야 할 문제들이 애초 생각했던 것보다 많아 분량과 내용이 해제의 범위를 벗어나게 되었다. 그래서 도중에 저술로 목표를 바꿨다. 그 결과 고전적 투식의 학술서와 좀 다르게 됐지만 이런 외양과는 관계없이 이 책은 나의 순수한 학술적 관심의 소산이다.

　종전 우리 학계의 김시습 사상 연구에는 오해와 오독이 퍽 많은 편이라 불가피하게도 이 책에는 논쟁적 문제 제기가 적지 않다. 아무쪼록 이 책이 김시습 사상 연구의 수준을 한 단계 끌어올리는 작은 계기가 되었으면 한다. 췌세옹(贅世翁)을 위하여.

2024년 5월 30일

제2부

번역서

1 나의 아버지 박지원

돌베개, 1998

영국에 셰익스피어가, 독일에 괴테가, 중국에 소동파가 있다면 우리나라에는 박지원(朴趾源)이 있다고 감히 말할 수 있을 터이다. 그는 전근대 시기 우리나라 최고의 대문호다. 아니 전근대만이 아니라 근대까지 포함시켜 말하더라도 박지원만 한 문호는 별로 없지 않나 한다. 구한말(舊韓末)의 유수한 문장가 김윤식(金允植)은 박지원의 문장에 대해 이렇게 평한 적이 있다.

"그의 문장은 천마(天馬)가 하늘을 나는 것 같아 굴레를 씌우지 않았건만 자연스럽게 법도에 다 들어맞는다. 그러므로 그의 문장은 문장 가운데 으뜸이라 할 만하며, 후생(後生)이 배워서 이룩할 수 있는 것이 아니다."

그러나 박지원은 한갓 문장만 신품(神品)이었던 건 아니다. 그에게는 높은 식견이 있었다. 그러므로 그의 글에는 심중한 사유가 담겨 있다. 그가 대문호인 건 바로 이 때문이다.

　이 책은 박지원의 아들인 박종채(朴宗采)가 쓴 박지원의 전기이다. 박종채는 아버지의 위대한 문학가로서의 면모만이 아니라 그 인간적 면모와 함께 목민관 시절의 흥미로운 일화들도 자세히 들려주고 있다. 또한 이 책은 박지원이 활동했던 18세기 영·정조 시대의 지성사와 사회사에 대한 풍부하고 생동감 넘치는 보고서로서의 성격도 갖고 있다.

　이 책의 원래 제목은 『과정록』(過庭錄)이다. '과정록'은, 자식이 아버지의 언행과 가르침을 기록한 글이라는 뜻이다. 박종채는 4년여 동안 심혈을 기울여 이 책의 초고를 집필했으며, 그 후 몇 년에 걸쳐 수정에 수정을 거듭하여 이 책을 완성하였다. 이를 통해 박종채가 아버지 박지원을 후세에 전하기 위해 얼마나 고심했던가를 알 수 있다. 이 책은 조선 시대 전기문학(傳記文學)의 금자탑이라 이를 만하다.

　역자(譯者)는 1996년 2학기와 1997년 1학기 두 학기에 걸쳐 서울대학교 국문학과 대학원에 개설된 '한국고전비평연습' 과목에서 『과정록』의 강독을 진행하였다. 당시 많은 학생들이 열의를 갖고 참여했는데, 이 책은 그 성과를 일정하게 반영하고 있다.

　번역이나 주석 작업을 끝낼 무렵이면 늘 하는 결심이 있다. 다시는 이런 일을 하지 않겠다는 다짐이다. 창조적인 일만을 하기에도 시간이 부족하지 않은가. 그러나 우리의 학문적 상황이나 문화적 상황을 고려한다면 '나 몰라라' 하는 입장을 취하기도 퍽 미안한 일이다. 모든 게 마뜩찮기 때문이다. 이 책은 역자가 처한 이런 난처함의 산물이다.

 출판사의 세심한 배려로 이 책은 두 가지 형태로 간행될 수 있었다. 그 하나는 한문 원문과 그에 대한 교주(校註)를 첨부한 책이요, 다른 하나는 한문 원문이 없는 책이다. 일반 독자라면 후자 쪽이 부담이 없지 않을까 생각한다.

1998년 7월 27일

2 베트남의 신화와 전설
『영남척괴열전』

돌베개, 2000

이 책은 14세기 후반경에 성립된 베트남의 신화전설집 『영남척괴열전』(嶺南摭怪列傳)을 번역한 것이다. 『영남척괴열전』은 그 저자가 미상이며, 한문으로 씌어진 책이다. 베트남에서는 대대로 인기가 높아 많은 이본(異本)이 형성되었다.

   외국인이 우리나라를 깊이 이해하는 데 도움이 되는 고전으로 『삼국유사』를 첫손에 꼽을 수 있듯이 『영남척괴열전』은 우리가 베트남을 깊이 이해하는 데 그 어떤 책보다 중요한 의의가 있는 고전이다. 왜냐하면 이 책은 베트남 민족의 기원과 국가 형성에 관한 신화를 수록한 베트남 최초의 문헌일 뿐만 아니라, 베트남 민중의 신앙과 세계 인식, 베트남 민족의 강한 자의식, 베트남에 존재하는 독특한 풍속들, 베트남의 산천과 영웅들, 이 모두에 대해 베트남인 스스로 이야기한 책이기 때문이다.

이 점에서 『영남척괴열전』은 비단 문학이나 역사만이 아니라 사상사·인류학·민속학·신화학 등의 영역과도 두루 관련된 책이다.

역자는 이 책을 번역하면서 올여름의 지루한 장마를 보냈다. 남국의 신령스럽고 기이한 이야기에 푹 빠져 가간사(家間事)로 인한 우울도 얼마간 잊을 수 있었다. 이래저래 베트남은 내 삶에 깊이 들어와 있다.

2000년 10월

3 베트남의 기이한 옛이야기
『전기만록』

돌베개, 2000

이 책은 16세기 전반에 베트남의 문인 완서(阮嶼)가 창작한 『전기만록』(傳奇漫錄)의 완역이다. 『전기만록』은 한문으로 된 단편 소설집인데 모두 20편의 작품이 수록되어 있다.

역자는 7, 8년 전 성균관대학교 대학원의 한문학 특강 시간에 이 책을 강독(講讀)한 적이 있다. 열 명가량의 학생들이 참여했는데, 이국의 정취에 젖어들며 즐거워하던 일이 엊그제만 같다. 모두 그리운 얼굴들이다.

이 역서는 절반쯤은 당시의 초벌 번역을 다듬은 것이고, 절반쯤은 그 후 틈틈이 새로 번역한 것이다. 출판사에 원고를 넘긴 지도 벌써 3년이 다 돼 가지만 역자의 게으름과 조심스러움 때문에 이제야 책이 나오게 되었다.

『전기만록』에 수록된 소설들은 소위 '전기소설'(傳奇小說)에 해당하는 것들이다. 전기소설은 동아시아 중고

(中古)에 성립하여 발전해 간 하나의 보편적 소설 양식으로서, 시와 산문을 독특하게 교직(交織)하면서 남녀의 사랑이나 기이한 사건을 흥미롭게 펼쳐 보이는 예술적 수법을 그 특징으로 삼는다. 전기소설은 종종 환상적 내용 속에 현실에 대한 작가의 감정이나 태도를 가탁(假託)한다. 그러나 일반 독자가 꼭 이런 측면까지 고려해 가며 읽을 필요는 없다. 이야기 자체의 흥미로움과 경이로움을 즐기면 그만이다. 이런 태도로 『전기만록』을 읽을 경우 독자는 놀랍고 기이한 세계를 접하면서, 혹은 기뻐하고, 혹은 슬퍼하며, 혹은 찡그리고, 혹은 탄성을 발하게 될 것이다.

　『전기만록』의 무대는 저 남쪽 나라 베트남이다. 그러나 읽다 보면 남의 나라 이야기라는 생각은 점점 희미해지고, 어쩌면 이렇게 사람이 사는 방식과 사람이 겪는 애환과 사람이 느끼는 희비가 비슷할 수 있는지 놀라게 된다. 이때쯤이면 베트남은 우리 마음속에 친근한 어떤 존재로 자리 잡는다. 이것이 바로 소설의 힘이다. 그러나 다른 각도에서 생각하면 여기에는 중국으로부터 늘 배우면서도 동시에 중국으로부터의 압박을 의식해야 했던 전근대 한(韓)·월(越) 양국이 놓인 비슷한 처지에서 오는 공감 같은 것이 작용하는지도 모른다.

　역자는 베트남과 관련하여 민망한 추억을 갖고 있다. 부산에서 중학교를 다닐 때의 일이다. 역자가 다니던 학교는 제3부두(당시 파월 장병을 태운 배는 제3부두에서 출발하게 되어 있었다) 지척에 있었는데, 전교 학생이 수업을 전폐하고 몇 번인가 부두에 동원된 적이 있었다. 난생처음 보는 커다란 배에는 수많은 군인들이 타 있었고, 부두는 군악과 환호로 시끌벅적했다. 교사들의 지시에 따라 학생들은 뱃전에 나와 있는 군인들에게 손을 흔들며 잘 싸우고 돌아오라고 외쳐 댔다. 그 후 역자는 대학에 입학해 리영희 선생의 『전환시대의 논리』를 읽고서야 비로소 베트남 전쟁의 실상과 그 세계사적 의미를 알게 되었다. 그것은 충격이었다. 이후 역자에게 중학교 시절의 그 일은 망각될 수 없는 어두운 기억이 되었다.

『전기만록』의 번역에는 바로 이런 역자의 어두운 기억과 베트남에 대한 미안한 마음이 자리하고 있다. 베트남에 대해 가해자인 우리로서, 베트남을 진정으로 이해하고 베트남에 다가가는 것만큼 중요한 일도 없을 것이다. 아무쪼록 이 역서가 베트남에 대한 우리의 이해와 우호의 감정을 증진하는 데 조금이라도 도움이 되기를 희구한다.

이 책에는 많은 고지명(古地名)이 나오는데 그 위치를 파악하는 게 그리 용이한 일이 아니었다. 다행히 베트남사를 전공하시는 서울대학교 동양사학과의 유인선 교수께서 도움말을 주시고 또 귀중한 자료를 많이 빌려주신 덕택에 관련 지도를 작성할 수 있었다. 이 자리를 빌려 그 후의에 깊이 감사드린다.

이 책의 말미에는 역자가 쓴 논문 한 편이 부록으로 첨부되어 있다. 우리나라의 『금오신화』, 중국의 『전등신화』, 베트남의 『전기만록』을 서로 비교한 글인데, 독자들이 동아시아 문학의 맥락 속에서 『전기만록』을 이해하는 데 도움이 되었으면 한다.

2000년 10월

4

고추장 작은 단지를 보내니
연암 박지원이 가족과 벗에게 보낸 편지

돌베개, 2005

이 책은 서울대 박물관에 소장되어 있는 『연암선생 서간첩』(燕巖先生書簡帖)을 번역한 것이다. '연암선생'이란 곧 18세기의 문호 박지원(朴趾源, 1737~1805)을 말한다. 이 서간첩에는 연암의 편지 33통이 실려 있는바, 그 대부분이 가족과 벗에게 보낸 것이다.

 이 서간첩은 『연암집』에는 실려 있지 않은 것으로, 이번에 처음 세상에 공개된다. 이 서간첩의 편지는 연암이 60세 되던 1796년(정조 20) 정월에 시작되어 이듬해 8월에 끝나고 있다. 그러니까 지금으로부터 200여 년 전의 편지인 셈이다.

 이 서간첩의 편지들은 주로 연암의 개인적인 일들을 담고 있다. 하지만 사적인 일을 담고 있으니만큼 글에 전혀 가식과 꾸밈이 없다. 이 편지들을 통해 우리는 연암의 구체적인 일상을 알 수 있을 뿐만 아니라, 그의 인간적 체취를 접할 수 있다. 말하자면 우리는 이 편지들에서 연암의 꾸미지 않은 맨얼굴을 대면할 수 있다.

나는 이 서간첩이 갖는 이런 의의에 주목하여, 이를 우리말로 옮기고, 주석을 달고, 편지마다 혹은 간단하고 혹은 자세한 설명을 붙이는 작업을 하였다.

올해는 연암 서거 200주년이 되는 해다. 아무쪼록 이 책이 한국학 연구자들 및 연암을 애호하는 분들에게 도움이 되었으면 한다.

2005년 5월

5   우리고전 100선

돌베개, 2006

간행사

지금 세계화의 파도가 높다. 현재 진행되고 있는 세계화는 비단 '자본'의 문제이기만 한 것이 아니라, '문화'와 '정신'의 문제이기도 하다. 그 점에서, 세계화에 어떻게 대응할 것인가 하는 것은 우리의 생존이 걸린 사활적(死活的) 문제다. 이 총서는 이런 위기의식에서 기획되었으니, 세계화에 대한 문화적 방면에서의 주체적 대응이랄 수 있다.

생태학적으로 생물 다양성의 옹호가 정당한 것처럼, 문화 다양성의 옹호 역시 정당한 것이며 존중되지 않으면 안 된다. 그럼에도 세계화의 추세 속에서 문화 다양성은 점점 벼랑 끝으로 내몰리고 있는 것처럼 보인다. 하지만 문화적 다양성 없이 우리가 온전하고 행복한 삶을 살 수 있겠는가. 동아시아인 그리고 한국인으로서의 문화적 정체성은 인권(人權), 즉 인간 권리의 문제이기도 하기 때문이다. 그래서 우리 고전에 대한 새로운 조명과 관심의 확대가 절실히 요망된다.

우리 고전이란 무엇을 말함인가. 그것은 비단 문학만이 아니라 역사와 철학, 예술과 사상을 두루 망라한다. 그러므로 일반적으로 알려져 있는 것보다 훨씬 광대하고, 포괄적이며, 문제적이다.

하지만 고전이란 건 따분하고 재미없지 않은가? 이런 생각의 상당 부분은 편견일 수 있다. 그리고 이런 편견의 형성에는 고전을 연구하는 사람들에게 큰 책임이 있다. 시대적 요구에 귀 기울이지 않은 채 딱딱하고 난삽한 고전 텍스트를 재생산해 왔으니까. 이런 점을 자성하면서 이 총서는 다음의 두 가지 점에 특히 유의하고자 한다. 하나는, 권위주의적이고 고지식한 고전의 이미지를 탈피하는 것. 둘은, 시대적 요구를 고려한다는 그럴 듯한 명분을 내세워 상업주의에 영합한 값싼 엉터리 고전 책을 만들지 않도록 하는 것.

요컨대, 세계 시민의 일원인 21세기 한국인이 부담감 없이 '쉽게' 접근할 수 있는, 그러면서도 품격과 아름다움과 깊이를 갖춘 우리 고전을 만드는 게 이 총서가 추구하는 기본 방향이다. 이를 위해 이 총서는, 내용적으로든 형식적으로든, 기존의 어떤 책들과도 구별되는 여러 모색을 시도하고 있다. 그리하여 고등학생 이상이면 읽고 이해할 수 있도록 번역에 각별히 신경을 쓰고, 작품에 간단한 해설을 붙이기도 하는 등, 독자의 이해를 돕고자 하였다.

특히 이 총서는 좋은 선집(選集)을 만드는 데 큰 힘을 쏟고자 한다. 고전의 현대화는 결국 빼어난 선집을 엮는 일이 관건이자 종착점이기 때문이다. 이 총서는 지난 20세기에 마련된 한국 고전의 레퍼토리를 답습하지 않고, 21세기적 전망에서 한국의 고전을 새롭게 재구축하는 작업을 시도할 것이다. 실로 많은 난관이 예상된다. 하지만 최선을 다해 앞으로 나아가고자 한다. 그리하여 비록 좀 느리더라도 최소한의 품격과 질적 수준을 '끝까지' 유지하고자 한다. 편달과 성원을 기대한다.

2006년 11월

6   말똥구슬
유금 시집

돌베개, 2006

이 책은 유금(柳琴, 1741~1788)의 시집 『양환집』(蜋丸集)을 번역한 것이다. '양환집'은 '말똥구슬'이라는 뜻이다.

'말똥구슬'이란 무엇인가. 말똥구리가 굴리는 말똥을 이르는 말이다. 말똥구리는 소똥구리라고도 한다. 같은 곤충이지만 말똥을 굴리면 말똥구리, 소똥을 굴리면 쇠똥구리라고 한다. 말똥구리는 말똥을 잘라 내어 구슬처럼 동그랗게 만든 다음 그것을 굴려 집으로 가져간다. 말똥구슬의 크기는 말똥구리보다 수십 배는 크다. 말똥구리는 말똥구슬을 혼자 굴릴 때도 있지만 두 마리가 함께 굴리기도 한다. 두 마리가 굴릴 경우 한 마리는 물구나무서서 뒷발로 밀고 한 마리는 앞에서 앞발로 당기며 합심하여 굴린다. 혹은 한 놈이 굴리면 다른 놈은 말똥 위에 올라가 과연 제대로 굴리는지 보고 있기도 한다. 말똥구리는 우직하고 부지런하다. 말똥을 굴리다가 혹

돌멩이 같은 것에 막히더라도 어떻게든 방향을 틀어 다시 굴린다. 검푸른빛의 그 작은 몸에서는 반짝반짝 윤이 난다. 정말 대단한 곤충으로서, 존경의 염(念)을 품지 않을 수 없다. 말똥구리나 쇠똥구리는 내가 어릴 때만 해도 주변에서 흔히 보았는데, 지금은 멸종될 위기에 처해 있다. 멀지 않아 우리 눈에서 완전히 사라지게 될 것이다.

   유금은 자신의 시집 이름을 스스로 '말똥구슬'이라고 지었다. 그리고 18세기의 문호 연암 박지원이 이 시집에다 서문을 얹어 주었다. 유금은 왜 자신의 시집 제목을 하필 '말똥구슬'이라고 했을까. 그 답은 이 시집 속에 있다.

   유금은 저명한 실학자 유득공의 작은아버지다. 문학과 예술에 뛰어나고 자연과학에도 조예가 깊었던 인물로, 18세기 조선을 빛낸 영롱한 별의 하나지만, 일반인에게는 별로 알려지지 못했다. 그가 서른한 살에 쓴 시집 『말똥구슬』은 시인의 고뇌와 진실된 목소리를 담고 있어 오늘날의 우리에게 잔잔한 감동을 불러일으킨다. 이에 기쁜 마음으로 이 책을 한국 고전의 목록에 새로 추가한다.

2006년 11월

7　천년의 우리소설

돌베개, 2007

간행사

이 총서는 위로는 신라 말기인 9세기경의 소설을, 아래로는 조선 말기인 19세기 말의 소설을 수록하고 있다. 그러므로 이 총서가 포괄하는 시간은 무려 천 년에 이른다. 이 총서의 제목을 '千년의 우리소설'이라 한 이유가 여기에 있다.

근대 이전에 창작된 우리나라 소설은 한글로 쓰인 것이 있는가 하면 한문으로 쓰인 것도 있다. 중요한 것은 한글로 쓰였는가 한문으로 쓰였는가 하는 점이 아니다. 오늘날의 관점에서 그런 것은 그다지 중요하지 않다. 정말 중요한 것은 문예적으로 얼마나 탁월한가, 사상적으로 얼마나 깊이가 있는가, 그리하여 오늘날의 독자가 시대를 뛰어넘어 얼마나 깊은 감동을 받을 수 있는가 하는 점일 터이다. 이 총서는 이런 점에 특히 유의해 기획되었다.

외국의 빼어난 소설이나 한국의 흥미로운 근현대 소설을 이미 접한 오늘날의 독자가 한국 고전소설에서 감동을 받기란 쉬운 일이 아니다. 우리 것이니 무조건 읽어야 한다는 애국주의적 논리는 더 이상 통하지 않는다. 과연 오늘날의 독자가 『유충렬전』이나 『조웅전』 같은 작품을 읽고 무슨 감동을 받을 것인가. 어린 학생이든 성인이든 이런 작품을 읽은 뒤 자기대로 생각에 잠기든가, 비통함을 느끼든가, 깊은 슬픔을 맛보든가, 심미적 감흥에 이르든가, 어떤 문제의식을 환기 받든가, 역사나 인간에 대한 이해를 증진하든가, 꿈과 이상을 품든가, 대체 그럴 수 있겠는가? 아마 그렇지 못할 것이다. 그럼에도 이런 종류의 작품은 대부분의 한국 고전소설 선집 속에 포함되어 있으며, 중고등학교에서도 '고전'으로 가르치고 있다. 그러니 한국 고전소설은 별 재미도 없고 별 감동도 없다는 말을 들어도 그닥 이상할 게 없다. 실로 학계든, 국어 교육이나 문학 교육의 현장이든 지금껏 관습적으로 통용되어 온 고전소설에 대한 인식을 전면적으로 재검토해야 할 시점에 이르렀다. 이 총서는 이런 문제의식에서 출발한다.

이 총서가 지금까지 일반인에게 그리 알려지지 않은 작품을 많이 수록하고 있음도 이 점과 무관치 않다.

즉 이는 21세기의 한국인들에게 어필할 수 있는 새로운 한국 고전소설의 레퍼토리를 재구축하려는 시도인 것이다. 이 점에서 이 총서는 그렇고 그런 기존의 어떤 한국 고전소설 선집과도 다르며, 아주 새롭다. 하지만 맹목적으로 새로움을 위한 새로움을 추구하지는 않았으며, 비평적 견지에서 문예적 의의나 사상적·역사적 의의가 있는 작품을 엄별해 수록했다. 그리하여 우리는 이 총서를 통해 흔히 한국 고전소설의 병폐로 거론되어 온, 천편일률적이라든가, 상투적 구성을 보인다든가, 권선징악적 결말로 끝난다든가, 선인과 악인의 판에 박힌 이분법적 대립으로 일관한다든가, 역사적·현실적 감각이 부족하다든가, 시공간적 배경이 중국으로 설정된 탓에 현실감이 떨어진다든가 하는 지적으로부터 꽤 자유로운 작품을 가능한 한 많이 독자들에게 소개하고자 한다.

그러나 수록된 작품들의 면모가 새롭고 다양하다고 해서 그것으로 충분한 것은 아닐 터이다. 한국 고전소설, 특히 한문으로 쓰인 한국 고전소설은 원문을 얼마나 정확하면서도 쉽고 유려한 현대 한국어로 옮길 수 있는가의 여부에 따라 작품의 가독성은 물론이려니와 감동과 흥미가 배가될 수도 있고 반감될 수도 있다. 이 총서는 이런 점에 십분 유의해 최대한 쉽게 번역하기 위해 고심을 거듭했다. 하지만 쉽게 번역해야 한다는 요청이, 결코 원문을 왜곡하거나 원문의 정확성을 다소간 손상시켜도 좋음을 의미하지는 않는다. 이런 견지에서 이 총서는 쉬운 말로 번역해야 한다는 대전제와 정확히 번역해야 한다는 또 다른 대전제—이 두 전제는 종종 상충할 수도 있지만—를 통일하기 위해 많은 노력을 기울였다.

한국 고전소설에는 이본(異本)이 많으며, 같은 작품이라 할지라도 이본에 따라 작품의 뉘앙스와 풍부함이 달라지는 경우가 비일비재하다. 그뿐 아니라 개개의 이본은 자체에 다소의 오류를 포함하고 있다. 따라서 하나하나의 작품마다 주요한 이본들을 찾아 꼼꼼히 서로 대비해 가며 시시비비를 가려 하나의 올바른 텍스트, 즉 정본(定本)을 만들어 내는 일이 긴요하다. 이 작업은 매우 힘들고, 많은 공력(功力)을 요구하며, 시간도 엄청나게 소요된다. 이런 이유 때문이겠지만, 지금까지 고전소설을 번역하거나 현대 한국어로 바꾸는 일은 거의 대부분 이 정본을 만드는 작업을 생략한 채 이루어져 왔다. 하지만 정본 없이 이루어진 결과물들은 신뢰하기 어렵다. 정본이 있어야 제대로 된 한글 번역이 가능하고, 제대로 된 한글 번역이 있고서야 오디오북, 만화, 애니메이션, 드라마, 영화 등 다른 문화 장르에서의 제대로 된 활용도 가능해진다. 뿐만 아니라 정본에 의거한 현대 한국어 역(譯)이 나와야 비로소 영어나 기타 외국어로의 제대로 된 번역이 가능해진다. 이런 점에서 본다면 작금의 한국 고전소설 번역이나 현대화는 대강 특정 이본 하나를 현대어로 옮겨 놓은 수준에 머무는 것이라는 한계를 대부분 갖고 있는바, 이제 이 한계를 넘어서야 할 시점에 이르렀다. 이 총서에 실린 대부분의 작품은 내가 펴낸 책인 『한국한문소설 교합구해(校合句解)』에서 이루어진 정본화(定本化) 작업을 토대로 하고 있는바, 이 점에서 기존의 한국 고전소설 번역서들과는 전적으로 성격을 달리한다.

    나는 『한국한문소설 교합구해』의 서문에서, "가능하다면 차후 후학들과 힘을 합해 이 책을 토대로 새로운 버전의 한문소설 국역을 시도했으면 한다. 만일 이 국역이 이루어진다면 이를 저본으로 삼아 외국어로의 번역 또한 생각해 볼 수 있을 것이다"라고 말한 바 있다. 바야흐로 한국 고전소설을 전공한 정길수 교수와의 공동 작업으로 이 총서를 간행함으로써 이런 생각을 실현할 수 있게 되어 대단히 기쁘게 생각한다.

    이 총서의 작업 방식에 대해 간단히 언급해 두고자 한다. 이 총서의 초벌 번역은 정 교수가 맡았으며, 나는 그것을 수정하는 작업을 했다. 정 교수의 노고야 말할 나위도 없지만, 수정을 맡은 나도 공동 작업의 취지에 어긋나지 않게 최선을 다했음을 밝혀 둔다. 한편 각 권의 말미에 간단한 작품 해설을 첨부했다. 원래는 작품마다 끝에다 해제를 붙이려고 했는데, 너무 교과서적으로 비칠 염려가 있는 데다 혹 독자의 상상력을 제약할지도 모르겠다는 생각이 들어 이런 방식으로 바꾸었다.

  이 총서는 총 16권을 계획하고 있다. 단편이나 중편 분량의 한문소설이 다수지만, 총서의 뒷부분에는 한국 고전소설을 대표하는 몇 종류의 장편 소설과 한글소설도 수록할 생각이다.

  이 총서는, 비록 총서라고는 하나 한국 고전소설을 망라하는 데 목적이 있지 않다. 그야말로 '千년의 우리소설' 가운데 21세기 한국인 독자의 흥미를 끌 만한, 그리하여 우리의 삶과 역사와 문화를 주체적으로 돌아보고 성찰하는 데 도움이 될 만한, 그럼으로써 독자들의 심미적(審美的) 이성(理性)을 충족시키고 계발하는 데 보탬이 될 만한 작품들을 가려 뽑아 한국 고전소설에 대한 인식을 바꾸고 확충하고자 하는 것이 목적이다. 만일 이 총서가 이런 목적을 어느 정도 달성했다는 평가를 받게 된다면 영어 등 외국어로 번역해 비단 한국인만이 아니라 세계 각지의 사람들에게 읽혀도 좋지 않을까 생각한다.

2007년 9월

8

골목길 나의 집
이언진 시집

돌베개, 2009

이 책은 송목관(松穆館) 이언진(李彦瑱)의 『호동거실』(衚衕居室)을 번역한 것이다. '호동'은 골목길을, '거실'은 사는 집을 뜻한다. 그러니 이 시집 제목을 우리말로 옮기면 '골목길 나의 집'이 된다.

'골목길'은 서민이나 중인층이 사는 공간을 표상한다. 골목길의 집들에는 가난하고 비천한 사람들이 모여 산다. 시인의 집은 바로 이 골목길 속에 있다. 시인은 골목길 속 자신의 집에서 세상을 응시하고, 자기 자신을 응시하고, 골목길의 온갖 사람들을 응시하고, 조선의 현재와 미래를 응시한다. 그 응시의 결과가 바로 이 시집이다.

이언진은 역관(譯官) 출신 문인이다. 역관은 중인 신분에 속한다. 조선은 사대부가 지배하는 신분제 사회였다. 기술직에 종사한 중인층은 천시되었으며, 문관(文官)

으로 진출하는 길이 봉쇄되어 있었다. 이언진은 천재적인 문인이었음에도 신분제의 이런 질곡 때문에 사회적으로 자기 능력을 발휘할 수가 없었다. 그는 자신의 이런 존재 조건으로 인해 조선 사회의 모순에 대해 근본적으로 사유해 들어갈 수 있었고, 혁명적인 대안을 모색할 수 있었다. 그 결과물이 바로 이 시집이다.

이언진이 본격적으로 창작 활동을 펼친 것은 고작 5, 6년밖에 되지 않는다. 그러고는 27세에 요절했다. 그럼에도 그는 당대의 내로라하는 사대부 문인들로부터 천재적인 문인으로 인정받았다. 이 점에서 이언진이라는 이름은 대단히 중요한 역사적 '현상'이자 '문제'이다. 그리고 그 문제성의 핵심을 보여 주는 것이 바로 이 시집이다.

이언진은 죽기 직전 자신의 원고를 모두 불태워 버렸다. 조선에 대한 마지막 항거였다. 그러나 다행히도 그 아내의 민첩함에 힘입어 이 시집만큼은 온전히 전해질 수 있었다. 그러니 이 시집을 읽으면서 우리는 시인의 아내를 기억해야 한다.

이언진은 조선의 문호 연암 박지원과 동시대인이다. 두 사람은 모두 천재성을 타고났지만, 그 체질과 지향이 달랐다. 박지원은 비록 당시 소외되어 있었다고는 하나 사대부의 일원이었다. 이와 달리 이언진은 지배층으로부터 멸시당하는 처지였다. 이런 사회적 존재 조건의 차이로 인해 이언진은 박지원처럼 온건한 개혁 노선을 추구하지 않고 급진적이고 혁명적인 노선을 추구하게 되었다. 하지만 오늘날의 관점에서 볼 때 우리에게 더 가까운 존재는 이언진이다. 이 점에서 이언진은 조선 시대 문인 가운데 가장 먼 미래를 선취(先取)한 인간에 해당한다고 할 수 있을 것이다.

    이 시집 한 권으로 인해 조선 시대에 대한 사유의 스펙트럼이 훨씬 넓어지게 되었다. 특히 왼쪽으로의 사유가 그러하다. 왼쪽을 정당하게 사유할 수 있어야 비로소 오른쪽에 대해서도 정당한 사유가 가능하다. 왼쪽과 오른쪽은 서로 결부되어 있음으로써다. 이 사실을 절절히 확인할 수 있다는 점 하나만으로도 이 시집을 소개하는 일이 헛되지 않다.

2009년 8월

개정판 서문

이 책은 11년 전인 2009년에 초판이 나왔는데, 근 10년이 지나 출판사로부터 재쇄를 찍겠다는 연락이 왔기에 나는 이참에 그동안 찾아낸 번역의 오류 및 해석상의 오류를 바로잡아 개정판을 내기로 했다.

『호동거실』에는 난해한 시들이 많다. 시인은 자신이 읽은 방대한 중국의 문학 작품들을 교묘하게 패러디하는 수법으로 시를 창작하거나, 자신의 불온하고 전복적인 사유를 선문답이나 게송처럼 읊었는데, 이로 인해 의미를 해독하는 일이 그리 쉽지 않다.

초판을 낸 후 나는 다른 일을 하는 중에도 『호동거실』을 계속 머릿속에 두어 왔다. 그래서 수시로 전거(典據)를 찾고, 번역을 다듬고, 시의 해석을 수정해 왔다. 이 개정판에는 나의 그동안의 이런 노력이 반영되어 있다.

이언진은 식민지 시대의 시인 이상(李箱, 1910~1937)과 견줄 만한 점이 많다. 천재적 시재(詩才)라든가, 시의 난해성, 언어와 상상력의 전복성 등이 놀랍게도 시대를 뛰어넘어 서로 통한다. 게다가 두 사람은 이십 대 후반에 병으로 요절한 점도 같다. 다만 이언진은 이상보다 훨씬 '혁명적'이다.

비록 시의 번역과 해석을 많이 수정하기는 했으나 그렇다고 이언진과 『호동거실』에 대한 애초의 평가가 달라진 것은 없다.

　아직도 더 손을 봐야 할 부분들이 없지 않으리라 생각하지만 그럼에도 적어도 이제 시인에 대한 면괴스러움은 면하지 않았나 싶다. 이에 소회를 몇 마디 적어 개정판 서문에 갈음한다.

2020년 6월
좌풍우앵와(左楓右櫻窩)에서 삼가 쓰다

9 　　　　　　　　　종북소선(鐘北小選)

돌베개, 2010 [공역]

후기

『종북소선』은 이덕무(李德懋, 1741~1793)가 연암(燕巖) 박지원(朴趾源, 1737~1805)의 글 10편을 뽑아 평점(評點)을 붙인 필사본 책이다. '평점'은 평어(評語)와 권점(圈點)을 말한다. '평어'는 논평한 말을 말하고, '권점'은 원권(圓圈)과 방점(旁點)을 말한다. '원권'은 글 옆에 친 동그라미를 말하고, 방점은 글 옆에 찍은 점을 말한다.

『종북소선』은 대전의 박지원 후손가에 소장되어 있던 책인데, 한국한문학회가 1987년 연암 탄신 250주년을 기념해 성균관대학교에서 개최한 학술회의 때 연암과 관련된 여러 자료들과 함께 처음 전시됨으로써 세상에 알려졌다.

하지만 지금까지 이 책은 박지원의 자찬(自撰) 산문

집으로 오해되고 있다. 심지어 이 책의 서문까지도 박지원의 작품으로 오해되고 있는 실정이다. 이리된 데는 박지원의 아들 박종채(朴宗采, 1780~1835)의 잘못이 크다. 그는 아버지 박연암의 문집을 편찬할 때 부주의로 인해 이덕무가 지은「『종북소선』자서」를『연암집』속에 싣는 한편,『연암집』권14와 권15에『종북소선』을 배치하였다(박종채가 편집한『연암집』을 필사한 것으로 알려진, 연세대학교 도서관에 소장된 한씨문고본『연암집』을 통해 이 사실을 알 수 있다).

'종북소선'(鐘北小選)이란 책 이름에서 '종북'은 종각(鐘閣)의 북쪽이라는 뜻이다. 당시 이덕무는 지금의 탑골공원 일대인 대사동(大寺洞)에 집이 있었던바, '종북'은 그의 거주지를 가리킨다. '소선'은 작은 선집이라는 뜻이다. 요컨대, '종북소선'이라는 책명은 '이덕무가 엮은 작은 선집'을 의미한다.

이 책의 글씨는 모두 이덕무 친필이다. 이덕무는 박지원의 작품을 필사한 뒤, 거기에 권점을 붙이고, 구두점을 찍고, 여러 가지 형식의 평어를 붙였다. 글자의 한 필획 한 필획은 물론이려니와, 권점 하나하나, 구두점 하나하나에도 심혈을 기울인 흔적이 역력하다. 이를 통해 이 책에 쏟은 이덕무의 정성을 짐작할 수 있다.

이 책은 원래 담헌(湛軒) 홍대용(洪大容, 1731~1783)의 구장서(舊藏書)다. 책의 앞뒤에는 '大容'(대용), '德

保'(덕보),'東西南北之人'(동서남북지인),'湛軒外史'(담헌외사),'誘于壹時一物 發于壹笑壹吟'(유우일시일물 발우일소일음) 등의 장서인이 찍혀 있다. 한둘이 아닌 이런 많은 장서인을 찍어 놓은 걸로 보아 홍대용이 이 책을 얼마나 애장품으로 여겼는지 잘 알 수 있다. 원래 홍대용의 장서였던 이 책이 어떤 사정으로 연암 후손가로 넘어가게 됐는지는 알 수 없다.

나는 몇 년 전 돌베개출판사의 한철희 사장과 이야기를 나누다 『종북소선』에 생각이 미쳐 이 책을 현대적으로 재현해 출판할 수는 없는지 물은 적이 있다. 당시 나는 나의 소우(少友)들과 매주 『종북소선』을 읽으며 한창 이 책에 매료되어 있었기에 이렇게 물은 것이다. 한 사장은 내 말을 가만히 듣더니 "한번 출판해 봅시다"라고 하였다. 그리하여 이 책이 마침내 세상에 나오게 되었다.

원래의 『종북소선』은 세로쓰기로 되어 있지만 지금 출간되는 이 책에서는 가로쓰기로 바꾸었다. 이것까지도 원래의 책대로 하고 싶었지만 현대의 독자들에게는 읽는 데 부담이 된다는 의견이 많아서 이 의견에 따랐다. 이를 제외한 나머지는 모두 원서를 충실히 재현하고자 했다.

그렇긴 하나 지금 간행되는 이 책이 원래의 『종북소선』이 보여 주는 미적 표상(表象)을 과연 독자들에게 얼마나 전달할 수 있을지는 확언하기 어렵다. 이런 의구심을 떨칠 수 없어 이 책 뒤에 『종북소선』의 사진 자료를 부록으로 싣는다.

　　동아시아의 한국·중국·일본 세 나라에는 제각각 전근대에 이룩된 평점비평서가 존재하지만, 오늘날 그것을 재현해 출판한 사례가 있는 것 같지는 않다. 그러니 이 책의 출판은 동아시아인이 '자기'를 찾아 나가는 소중한 또 하나의 출발이 되지 않을까 생각한다.

2010년 8월

10 능호집

돌베개, 2016

능호관(凌壺觀) 이인상(李麟祥, 1710~1760)은 조선 시대에 가장 격조 높은 문인화를 그린 화가로 알려져 있으나 문인으로서의 면모는 별반 알려져 있지 않다. 당나라 왕유(王維)나 원나라 예찬(倪瓚)의 예에서 알 수 있듯, 그림과 문학은 결코 둘이 아니다. 왕유는 『왕우승집』(王右丞集)이라는 뛰어난 문집을 남겼고, 예찬은 『청비각집』(淸閟閣集)이라는 훌륭한 문집을 남겼다.

『능호집』(凌壺集)은 이인상의 문집이다. 이인상은 그림만 격조가 높은 것이 아니라 그 시문도 아주 격조가 높고 진실되다.

이인상이 붙들고 있던 이념은 일종의 아나크로니즘이었다. 하지만 소설가 이병주(李炳注)가 『관부연락선』에서 설파했듯, '인간의 집념, 인간의 위대함, 인간의 특질'은 '아나크로니즘을 통해서 더욱 명료하게, 보다 빛나게 나타나는' 법이다. 그래서 『능호집』을 읽으면 슬프다.

　나는 지난 세기 말인 1998년, 『능호집』의 번역에 착수했다. 내 나이 마흔세 살 때다. 나는 당시 연암 박지원의 문학에 흥미를 느껴 이런저런 자료를 보던 중 그 한 세대 위의 선배인 이인상에 주목하게 되었다. 지금도 크게 달라진 것 같진 않지만, 당시 우리 학계에서 박지원을 보는 시좌(視座)는 대개 '아래에서 위의' 방향으로 잡혀 있었다. 다시 말해 '근대'의 시각이 소급되어 들어와 있었다. 그래서 나는 반대의 방향, 즉 '위에서 아래의' 방향으로 박지원을 부감(俯瞰)하면 어떨까 하는 문제의식을 갖게 되었다. 이인상에 대한 주목은 전적으로 이 때문이었다.

　『능호집』의 번역은 2000년 봄에 탈고되었다. 하지만 공부를 하다 보니, 좀 사정이 달라졌다. 이인상의 문학이 그의 서예 및 그림과 한덩어리라는 사실을 깨닫게 된 것이다. 그래서 나는 잠시 『능호집』 번역의 출판을 보류하고, 이인상의 그림과 글씨를 모아 '이인상 시문서화집'을 내는 쪽으로 계획을 수정했다. 원래 박지원 문학 연구의 일환으로 이인상 연구를 시작했으나 시간이 흐르면서 이상하게도 나는 점점 이인상이라는 인간 자체에 매력을 느끼게 된 것이다.

　운 좋게도 그사이 나는 이인상의 후손가에서 그의 문집 초본(草本)인 『뇌상관고』(雷象觀藁)를 만날 수 있었다.『뇌상관고』는『능호집』보다 분량이 두어 배쯤 많았다. 나는 이 책을 통해『능호집』을 좀 더 정확하게 읽을 수 있었으며, 이인상의 시(詩)·서(書)·화(畵)를 긴밀히 관련지어 이해하는 안목을 기를 수 있었다. 그러다 보니 또 하염없이 시간이 흘러갔다.

    그래서『능호집』번역을 탈고한 지 무려 16년이나 지난 인제서야 책을 간행한다.

    돌이켜 보면『능호집』을 번역할 때가 참 행복한 시절이었다. 당시는 그런 줄 전연 몰랐지만. 매주 토요일이면 나의 집에 열 명 안팎의 동학들이 모였다. 서로 눈빛을 주고받으며 한담을 조금 나누다가 곧『능호집』을 펼쳐 한 구절 한 구절씩 번역해 나갔다. 당시 내 집은 겨울이면 몹시 추웠지만 사람들의 온기 때문인지 통 추웠던 기억이 나지 않는다. 이미 추억 속의 사람들이 되어 버린 그분들에게 이 책을 바친다.

2016년 7월

11 절화기담, 순매 이야기

돌베개, 2019 [공역]

『절화기담』은 1809년에 창작된 한문소설이다. 작자는 자호가 석천주인(石泉主人)인데, 정조·순조 연간 서울에 거주한 포의(布衣)라는 사실만 알려져 있을 뿐 이름은 미상이다.

   이 작품은 이생이라는 선비와 순매라는 아리따운 여종의 사랑 이야기다. 순매는 남편이 있으니, 두 사람의 사랑은 불륜이다.

   무릇 '사랑'은 동서고금의 소설에서 늘 중심적 제재가 되어 왔다. 한국 고전소설이라고 해서 예외는 아니다. 삶이 다양하듯 사랑의 방식도 다양할 수 있다. 하지만 한국 고전소설에서 불륜을 본격적으로 다룬 작품은 흔치 않다. 아마 이 작품이 그 최초의 작품이 아닌가 한다.

   순매는 남편이 있으면서도 다른 사랑을 꿈꾸는 여성이다. 순매의 사랑에는 한편으로는 허위의식이 있어 보이기도 하나, 여성적 자아가 사회적 인습과 굴레를 벗어나 스스로를 주체적으로 실현해 나가고자 하는 지향 역시 존재한다.

하지만 작가는 이런 문제를 진지하게 탐구하고 있지는 않으며, 두 사람의 사랑을 퍽 장난스러운 필치로 그리고 있다. 이는 주제 의식의 측면에서 본다면 미흡한 점으로 여겨질 수 있으나, 오락적 관점에서 본다면 진진한 서사의 재미를 낳고 있다. 오늘날의 독자들은 과연 두 사람의 이런 사랑에서 무엇을 읽어 낼 것인가?

소설로서 이 작품의 묘미는 사랑의 존재 방식 자체에 대한 탐구보다는 사랑에서 현상(現象)되는 약속과 어긋남의 무수한 교차가 빚어내는 '마음 졸임'과 '실망'과 '허탈감'의 묘사에 있지 않은가 한다. 이 작품은 중국의 희곡 『서상기』나 소설 『금병매』를 원용해 창작되었지만 남자 주인공의 이런 심리 묘사는 가히 청출어람이라 할 만하다.

이 작품은 조선 왕조의 마지막 융성기라 할 정조(正祖) 시대를 배경으로 삼고 있다. 정조 18년(1794) 춘삼월 창덕궁의 어원(御苑)에서 거행된 음악회 장면, 일시 야간 통행금지가 풀린 도성에서 남녀 백성들이 오가며 즐겁게 봄밤을 즐기는 장면이 나오는가 하면, 사월 초파일 도성의 가가호호에서 연등을 내걸고 물동이를 두드리며 흥겹게 노래를 부르는 장면도 나온다. 이처럼 정조 시대의 시공간과 실제 백성들의 삶의 모습이 작품 속에 구체적으로 들어와 있는 경우는 한국 고전소설에서 달리 유례를 찾기 어렵다. 이 점, 이 작품의 돋보이는 면모로서, 읽는 재미를 배가시킨다.

    이 작품의 번역은 기왕에 없지 않았다. 하지만 달리 번역될 수 있는 구절이 적지 않아 나는 정길수 교수와 함께 새로 번역을 시도하였다. 정길수 교수는 1999년 2월 이 작품에 대한 최초의 본격적인 연구로 석사 학위를 받은 이 작품에 정통한 연구자다.

    우리의 이 작업으로 이 작품의 원의(原義)가 좀 더 쉽고 정확하게 독자들에게 전달되기를 기대한다. 아무쪼록 대방가의 질정을 바랄 뿐이다.

2019년 3월

12 포의교집, 초옥 이야기

돌베개, 2019 [공역]

『포의교집』은 고종 연간인 1866년에서 그리 멀지 않은 시점에 창작된 한문소설이다. 작자는 정공보(鄭公輔)로 추정되는데, 어떤 인물인지는 미상이다. 작품명 '포의교집'(布衣交集)은 '포의의 사귐'이라는 뜻이다.

작품 제목만 보면 포의의 우정을 다룬 소설 같지만 실제로는 사십 대의 선비 이생과 17세의 절세미녀 초옥 사이의 사랑을 다루고 있다. 이생은 시골에서 올라와 서울의 친구 집에 기식하는 가난하고 풍채도 변변치 않고 문학적 재능도 별로인 인물이다. 초옥은 원래 신분이 종이지만 지금은 서민의 아내다. 그러니 이 작품이 그리고 있는 사랑은 유부남 유부녀의 사랑, 즉 불륜이다.

작자는 왜 이런 불륜의 이야기를 '포의의 사귐'이라고 명명했을까? 이는 초옥이 시종일관 '포의의 사귐'을 꿈꾸며 이생에게 자신의 이상을 투사하고 있음을 중시해서다. '포의'는 벼슬이 없는 선비를 이르는 말이고, '포의의 사귐'은 부귀를 초월한 포의의 교우(交友)를 말한다. 초옥은 사대부도 아니고 남자도 아니면서 왜 그리도 포의의 사귐을 동경한 것일까? 그것은 초옥의 처지와 내적 모순에서 기인하는 것으로 보인다. 이 내적 모순에서 그녀의 삶은 엄청난 풍파를 겪게 되고, 그녀의 운명은 도무지 알 수 없는 방향으로 전개된다.

초옥이 이생을 향한 사랑에 자신의 전 존재를 거는 것과 달리 이생은 일종의 심심풀이로 초옥을 사랑할 뿐이다. 그럼에도 이생은 결코 악인은 아니며, 딱하고 하릴없는 존재이기는 하나 그렇다고 미워할 수만도 없는 인간이다. 이 점에서 이 작품은 이전의 한국 고전소설에 보이지 않는 새로운 인물 전형을 창조해 낸 셈이다. 이 인물 전형은 근대 소설로 연결된다.

지식은 해방의 도구이기도 하지만 속박의 도구가 되기도 한다. 지식이 속박의 도구가 된다는 사실은 16세기 후반에 활동한 동아시아의 걸출한 저항적 지식인 이탁오가 「동심설」(童心說)에서 갈파한 바 있다. 초옥은 여종 출신이지만 어린 시절부터 약간의 한문 지식과 교양을 습득했다. 이것이 그녀로 하여금 자신의 계급을 벗어나 사대부 세계에 속한 한 남성을 사랑하게 만든 것으로 생각된다.

이 점에서 그녀의 사랑에는 두 가지 의식의 지향점

이 발견된다. 하나는 일종의 허위의식이고, 다른 하나는 집을 뛰쳐나온 '노라'의 의식에 견줄 만한 의식이다. 후자는 전자와의 모순적 얽힘에도 불구하고 젠더적 측면에서 일정한 '혁명성'을 보여 준다. 무릇 어느 시대나 사랑은 그것이 속한 풍경 바깥으로 흘러 나가려는 지향을 '돈오적'(頓悟的)으로 보여 주곤 하지만, 초옥의 사랑이 보여 주는 저 전투적이며 생사를 건 면모는 아주 강렬하고 유별난 문제성을 띤다.

나는 이상택 선생이 규장각 관장으로 계시던 1997년 규장각에 소장된 국어국문학 자료를 정리하는 사업의 책임자로 있었는데 그때 『포의교집』을 처음 찾아냈다. 그리고 이해 2학기 서울대 국문과 대학원에 개설된 '한국고전단편소설론' 수업에서 이 자료를 강독하며 번역·주석 작업을 한 바 있다. 당시 이화여대 대학원생들이 수업에 함께 참여했던 것으로 기억된다. 이듬해 1월 수강생의 한 사람인 정길수 교수(당시는 학생)가 수업 중에 번역한 것을 최종적으로 취합하는 작업을 함으로써 이 작품의 초벌 번역이 일단 마무리되었다.

이 작품에는 특이하게도 본문에 협주(夾註)가, 상단 난외(欄外)에 두주(頭註)가 있다. 그런데 협주처럼 적어 놓았으나 맥락상 주(註)가 아니라 본문의 일부로 보아야 할 곳들이 여럿 있다. 게다가 이 작품에는 오자(誤字)가 대단히 많다. 이는 모두 필사 과정에서 발생한 오류들로 보인다. 이런 이유로 이 작품을 제대로 번역하기 위해서는 원전 비평이 필수적이다. 하지만 이미 나와 있는 번역서는 이런 작업을 거치지 않았으며, 이로 인해 작품의 의미 파악에 차질이 야기되고 있는 것으로 보인다.

　이에 나는 20여 년 전 나의 수업을 들은 정길수 교수와 함께 옛날의 초벌 번역을 토대로 이 작품을 새로 번역하였다. 비록 주석이 자세하고 체재가 엄정한 학술적 번역에 해당하기는 하나, 되도록 일반 독자들도 읽고 이해하기 쉽게 번역하고자 적지 않은 노력을 기울였다. 여기에는 젊은 시절 소설가를 지망한 정길수 교수의 공이 실로 크다.

　이 책에 첨부된 원문에는 자세한 교감주(校勘註)가 달려 있다. 정본(定本)을 만든다는 생각으로 작업을 했으니, 앞으로 이 작품을 연구하는 분들에게 얼마간 도움이 되기를 바란다. 아무쪼록 이 책이, 여러모로 문젯거리를 내포하고 있는 『포의교집』에 대한 이해를 높이는 데 조금이나마 기여했으면 한다.

2019년 3월

제3부

편집서

1   벗이여, 흙바람 부는 이곳에
박병태 유고집

청사, 1982

박병태(朴柄泰) 형이 지난해 여름 불의의 사고로 타계한 직후, 생전 각별하게 지내던 몇몇 벗들이 우연히 고인의 집에서 서로 만나 하룻밤을 함께할 기회가 있었다. 그때 우리는 2개의 라면 박스 안에 가득 담긴 고인이 써 놓은 초고들을 발견하고서 놀라움과 안타까움, 약간의 다행감이 뒤섞인 그런 착잡한 심정으로 밤을 밝혀 그 글들을 읽어 보았다. 그 속에는 적막(寂寞)과 함성(喊聲), 그리고 삶에 대한 고인의 반성과 뜨거운 사랑이 깃들어 있었다. 그것은 정직하고 진실했던, 그 때문에 이 땅의 상황에 그 누구보다 괴로워해야 했던 한 개인을 통해 드러난 우리 시대의 내밀한 역사며 기록이었다. 우리는 그 글들이 시대와 역사의 한가운데를 꼿꼿이 걸어간 인간에게만 가능한 기록이라고 생각했고, 그리하여 어떤 형태로든 이 초고를 공개하기로 뜻을 모았다.

고인이 무척 적극적이고 실천적이었던 삶을 살았음을 감안할 때, 그 삶에 있어 가장 치열했던 시기인 죽기 직전까지의 5, 6년간의 기록이 그동안 간직되어 왔다는 사실은 우리의 현실 여건으로 볼 때 대단히 이례적인 일일 것이다. 이런 이례성에 값하기나 하듯, 그 초고는 많은 부분이 불완전했다. 즉 일정하게 정리되어 있는 것도 아니었고, 노트의 여백이나 못 쓰는 종잇조각 같은 데에 아무렇게나 적혀 있는 게 대부분이었다. 때로는 오히려 낙서에 가까운 글도 없지 않았고, 어떤 이유에서인지 도중에 갑자기 중단된 글도 있었다. 우리는 그러한 것까지 모두 포함하여, 가급적 있는 그대로 그 모두를 이 책에 수록하려 했다. 왜냐하면, 단어 하나하나, 쓰다 말고 중단된 문장 하나하나에도 진실과 뜨거운 감동이 느껴졌기 때문이다.

그러므로 여기에 수록된 글들은 단순히 한 개인의 내면의 기록을 넘어, 온갖 신고(辛苦) 속에서도 이 시대를 헤쳐 나아가고 있는 깨어 있는 뭇 동시대인의 자기 기록으로 그 의미가 확산될 수 있을 것이다. 그리하여 이 글들은 방황하는 이 땅의 젊은이에겐 반성과 각성을, 전진하고 있는 이들에겐 격려와 분발을, 메마르고 삭막한 마음으로 남은 이들에겐 어떤 이유로도 결코 상실해서는 안 될 본연의 따뜻한 인간성을 일깨워 줄 것으로 기대한다.

이제 이 유고집의 체제에 대해 간단히 언급한다.

우리는 고인의 초고를 4부로 나누어 편찬했다. 제1부의 〈산문〉은 76년(대학 2학년)부터 78년(대학 4학년)에 걸쳐 쓰인 글들이다. 뛰어다니는 동안 떠오른 생각들을 틈틈이 써 놓은 것이기에, 표현이 다소 투박하거나 문장의 논리적 연결이 자연스럽지 못한 부분도 적지 않으나, 고인의 삶과 죽음, 그 사상과 정신이 밀도 있게 응결되어 있다는 점에서 그야말로 온몸으로 쓰인 주옥 같은 글들이다. 우리는 그 글들을 시기순으로 배열함으로써, 현실과의 대응에서 고인의 사상이 어떻게 발전하고 여물어 갔는가 하는 것을 쉽게 살펴볼 수 있도록 했다. 또 원래 초고에서는 제목이 붙어 있지 않은 게 대부분이었지만, 새로 제목을 붙였다. 이는 고인의 생각과 의도를 왜곡할지도 모른다는 점에서 좀 저어되기도 했으나, 독자의 편의를 위해선 일단 불가피했다. 따라서 독자는 제목보다는 글 자체의 의미 전달에 주목해 주길 바란다.

제2부의 〈옥중서한〉(獄中書翰)은, 고인이 78년 11월, 당시의 긴급조치 9호에 저촉되어 영등포구치소에서 옥중 생활을 할 무렵 쓴 서신들이다. 당시 고등학생이던 동생에게 주로 역사에 대한 자기 나름의 생각을 들려주는 형식으로 되어 있는데, 우리는 이를 통해 생명과 우주의 진화 및 역사 발전에 대한 고인의 신념의 바탕을 엿볼 수 있다.

제3부에는 82편의 시를 크게 세 부분으로 나누어 수록했다. 첫 부분에는 대체로 현실과의 팽팽한 긴장 관계를 보이는 글들을, 둘째 부분에는 모색하고 방황하는 도정에서 쓰인 글들을, 셋째 부분에는 대상(자연)과의 친화감을 노래한 초기의 시들을 묶어 보았다. 시에는 애초부터 제목이 붙어 있는 게 대부분이었다. 그러나 더러 제목이 없는 것도 있었는데, 그런 경우엔 역시 제목을 붙였다. 간결하고 다감한 자신의 성격에 부합했기 때문인지는 모르겠지만 고인은 평소 시에 남다른 관심과 애착을 가지고 있었고, 그리하여 어려운 생활 속에서도 즐겨 시를 읊조리곤 했었다. 고인의 시에선, 궁벽한 산골마을에서 태어난 이 땅의 한 젊은이가 서울에 와 겪는 정신적 갈등이라든가 상황에 대한 분노와 함성이 때로는 가을 햇살처럼 잔잔하고 부드럽게, 때로는 돌팔매질처럼 격렬하게 표현되고 있다.

제4부에는 〈고향〉이라는 제목의 소설이 한 편 수록되어 있다. 이런 글이 있는 줄은 미처 모르고 있었는데, 초고 정리를 거의 마무리해 갈 무렵인 작년 10월경, 고인의 후배 된다는 사람이 찾아와 노트 한 권을 내놓으며 '그동안 자기가 보관해 온 고인의 글인데 가능하면 함께 출판해 달라'고 했다. 이야기를 들어 보니, 이 글은 78년 가을 서울대학교 학생 시위 사태에 연루되어 고인이 관악경찰서에 구금되어 신문(訊問)을 기다리고 있을 때 무

료함을 달래기 위해 노트의 여백에다 밤을 새워 새벽까지 써 내려간 것이었는데, 그날 아침 그 후배 되는 분이 풀려나오는 계제에 얻어 갖고 나와 지금껏 보관해 온 것이었다. 서두와 결미 부분 그리고 약간의 상황 설정을 제외한다면, 이 글은 거의 자전적인 기록에 가깝다.

한편 이 밖에도 노신소설론(魯迅小說論) 초고(130매)와, 고인이 죽기 바로 직전까지 손을 보고 있었던, 노신의 「양지서」(兩地書)와 「삼한집」(三閑集), 「이심집」(二心集) 등의 번역 초고가 필자의 수중에 있으나, 이는 다른 기회에 별도로 출판할 예정이다.

지금까지 이 유고집의 편차(編次)와 관련해 몇 가지 사실을 말했지만, 고인의 글은, 그 자신이 어디에선가 말하고 있듯이, 낡은 사회의 철벽을 깨뜨리다 스스로 피투성이가 된 인간에게서 간간이 새어 나오는 신음과 같은 것이었다.

고 박병태 형, 그는 맑고 깨끗한 혼을 간직한 이 시대에 드문 인간이었으며, 벗들과 이웃의 고통을 마치 자신의 아픔처럼 괴로워한 인간이었다. 그러면서도 그는 현실과의 타협을 모르는 지독한 경골(硬骨)이었고, 스스로 헐벗은 자로서 생활하면서, 부패한 사회가 허여하는 어떠한 기쁨도 거부한 채 스스로와 싸우고 현실과 싸우면서 죽어 갔다. 고인의 죽음이 결코 우연으로만 받아들여지지 않는 것도, 그의 이와 같은 평생의 인간됨과 자세 때문일 것이다.

　일찍이 고인은, 개체의 생명은 그 죽음으로 의미가 끝나는 게 아니라 우주와 역사 속에 그 의미가 확산되면서, 태어나는 새 생명에 그 뜻이 이어져 가는 것이라고 누누이 말한 바 있다. 고인의 그 말 그대로, 고인의 뜻과 이루지 못한 일은 새로운 생명들로 이어져 언젠가 결실을 맺을 것으로 우리는 믿는다.

　그러나 새 목숨이 태어나기 전에, 태어나는 새 목숨이 이 부패한 사회에 오염되기 전에, 한시바삐 우리는 온갖 부패한 것들을 데리고 이 거리에서 사라져야 할 것이라는 음울하고 나직한 그의 육성이 아직도 귓가에 쟁쟁하건만, 문득 돌아보면 꼭 그가 지키고 있어야 할 자리는 쓸쓸히 비어 있다. 세미(世味)는 갈수록 가을 씀바귀처럼 쓴데, 아아, 이제 누구와 더불어 나아갈 것인가. 1주기를 맞이하는 오늘, 다시 커다란 슬픔과 상실감이 밀어닥침은 이 때문일 것이다. 이 조그마한 책을 영전에 바쳐 평생의 뜻을 기리고자 하나, 어찌 글이 그 인간에 조금이나마 미칠 수 있겠는가.

1982년 7월 29일, 고인의 1주기에

2 차라리 밤을 기다리며
박병태 시집

청사, 1985

발문

박병태 형의 유고집이 나온 지도 어언 3년이 다 돼 간다.

도서출판 청사(靑史)에서 고맙게도 또 그 시만을 묶어 민중시선(民衆詩選) 시리즈의 한 권으로 출판해 주겠다기에 다시 초고를 검토하며 이전 유고집을 만들 때 누락된 시들까지 다 챙겼다.

이 시집의 제1부에 실린 「오늘아침」·「내길은」 두 작품은 옥중 서신에 들어 있던 것을 뽑은 것이요, 제4부 22편의 시는 새로 추가한 것이다. 그리고 예전에 졸속하게 유고집을 만드느라 잘못되었던 부분들도 이 기회에 바로잡았다.

원래 독자들의 이해를 돕기 위해 시 전반에 대한 해설을 덧붙이려 했으나 여의치 못했다. 하지만 말미에 수록된 최원식 씨의 글이 크게 도움이 되리라 믿는다. 전재(轉載)를 허락해 주신 최 선배께 감사드린다.

1985년 4월 23일

3 노신(魯迅) 선생님

청사, 1983

후기

이 책은 고 박병태 형이 군 복무할 당시 내무반에서 틈틈이 번역해 놓은 『노신 전집』(魯迅全集)의 글 가운데 『양지서』(兩地書, 제9권 소수所收)에 해당한다.

전언(傳言)에 의하면, 그는 『삼한집』(三閑集)과 『이심집』(二心集)의 번역을 끝내고 이 『양지서』의 번역에 착수했다고 한다. 애초에 필자는 이들 번역을 모두 한데 묶어 출판해 보려 했지만, 사정이 여의치 않아 이제 이 『양지서』만을 간행한다. 『이심집』 등은 그 번역 상태로 보아 출판이 당분간 어려울 것 같다. 언젠가 빛을 볼 날을 기다린다.

필자가 이들 원고 뭉치를 고인의 동생 찬표로부터 건네받은 것은 고인을 영결한 지 며칠 후인 8월 초의 어느 비 오는 날이었던 것으로 기억된다. 읽어 보니, 『양지서』의 번역은 1집 제29신(信)의 중간 부분인 '가령 앞으로 올 운명이 반드시 과거보다 나아지지 않으리라는 것을 잘 알고 있으면서도'라는 노신 선생의 글에서 중단되어 있었다. 고인이 사고를 당할 무렵은 소위 말년 휴가 중이었는데, 그는 이 기간 중에 일단 『양지서』 1집의 번역을 끝내려고 생각했었던 것 같다. 동생의 말에 의하면, 당시 외출하지 않고 집에 있을 때는 계속 번역 작업에 매달려 있었고 사고를 당하기 바로 전날에도 하루 종일 집에서 번역 일만 했었다고 한다. 다음 날 아침엔, 전날 종일 작업을 해 팔이 저린다며 동생에게 구술하면서 받아 적게 했는데, 29신(信)의 번역은 그렇게 하여 이루어진 것이라 한다. 이것이 바로 그날 오후 밖에 나가 변을 당하기 직전까지의 일이다.

번역 원고는 퍽 깨끗이 정리되어 있었는데, 이것을 다시 김하림 형을 비롯하여 박종한 형, 김혜순 씨, 한병곤 형 등 중국문학을 전공하는 여러분께서 바쁜 중에도 일일이 원전과 대조하여 검토해 주었다. 특히 채 번역되지 않은 1집의 나머지 편지 몇 통은 박종한 형이 번역해 주어 이 책에 끼워 넣을 수 있었다. 이 자리를 빌려 이분들 모두에게 감사드린다.

한편 이 책의 말미에는 고인이 쓴「노신소설론」이 첨부되어 있다. 이 소론(小論)은 대학 3학년 때 쓴 것으로 알고 있는데, 혹 독자에게 참고가 될까 해서 넣었다.

고인은 노신 선생을 무척 존경했었다. 그래서 영결시에 동생은 선생의 사진을 관에 넣어 주었다. 그러고 보면, 그는 외모에서뿐 아니라 침중한 어조나 사고방식, 무거운 몸가짐 등 노신 선생과 닮은 점이 적지 않았던 것 같다. 이는 그가 노신 선생을 알고 나서부터가 아니라 알기 전부터 이미 그러했던 것이니, 이로 보아 그가 선생을 존경한 것은 단순한 추수(追隨)가 아니고 기질적으로 깊이 상통하는 바가 있었기 때문임을 알 수 있다.

일찍이 서릿발 같은 절의(節義)로 유명했던 행동의 문학가 이육사(李陸史) 시인이 노신 선생을 존경했다고 하는데, 이제 몇 십 년의 세월이 흘러 병태 형이 또 그러했으니, 이로 보더라도 사람은 죽어도 정녕 그 사람의 자취는 사라지지 않음을 알 수 있다. 그 누가 말할 수 있겠는가, 지금 당장, 혹은 몇 십 년 혹은 몇 백 년 후 병태 형과 이육사 시인 그리고 노신 선생의 자취를 나란히 이어 가는 이가 없을 것이라고.

정성을 다하지 않은 것은 아니지만, 출판에 즈음하여 혹 잘못된 점은 없는가 저으기 두려운 마음이 앞선다. 아무쪼록 이 책이 노신 선생에 대한 독자들의 이해에 조금이나마 보탬이 되기를 바란다. 선생을 소개하려던 고인의 의도가 바로 이에 있어서다.

1983년 6월 30일

4   우리가 우리에게
오늘 땀흘리며 일하는 우리들의 노래

돌베개, 1985 [공편]

이 책은 노동자들의 시집이다.
　이 책은 작년 겨울에 기획되었는데, 올해 들어와 본격적인 자료 수집과 아울러 책의 체제 및 편차에 대한 숙의를 거듭한 결과 최종 이런 형태로 출간되기에 이르렀다.
　노동 단체나 현장을 뛰어다니며 우리가 모은 노동자의 시들은 이 책에 수록된 것보다 몇 배나 많은 것이었지만, 이 책에는 우선 노동자의 처지와 주체적 의식을 잘 드러내는 것들만 골라 실었다. 또한 작품에 표현된 문제의식에 따라 적당히 분류하여 독자로 하여금 읽기 쉽게 만들어 놓았다.
　이 책은 특정 부문, 특정 부류의 노동자의 글에 한정되지 않고 모든 노동 부문, 모든 부류의 노동자들의 글로 채워져 있다. 따라서 이 책은 특정한 한두 사람이 쓴 책이 아니고 광범한 노동자 일반이 쓴 책이라고 할 수 있다. 이 점에서 이 책은 최근에 나온 몇몇 노동자 시집과는 그 성격을 달리한다. 비록 대부분의 작품들이 그 작자가 밝혀져 있지 않지만, 이 책은 노동자에게 있어 '생활이 곧 문예이고 문예는 곧 생활'의 표현임을 여실히 보여 주며, 또 현재 홍기(興起)하고 있는, 또 앞으로 힘차게 발전해 나갈 노동자 문학의 튼튼한 저변을 확인시켜 준다.

우리는 이 책이 우선 노동자들 자신에게 되돌려져 읽히기를 간절히 바란다. 수십 명의 노동자들이 쓴 이 책이 노동자 전체의 연대감과 상호 신뢰, 자기 인식의 형성에 조금이나마 보탬이 될 것으로 믿기 때문이다.

그다음 우리는 이 책이 이 땅의 노동 현실을 외면해서는 안 될 모든 양심적 지식인, 학생, 작가들에게도 두루 읽히기를 기대한다. 노동자들의 피눈물, 신음과 절규, 내일을 쟁취하기 위한 불퇴전의 꿋꿋한 기백, 이 모두를 여기서 볼 수 있기 때문이다.

우리는 앞으로도 이런 작업을 계속할 생각이다. 이 시집이 간행되고 나면 바로 이어 노동자들의 '생활글'을 모은 책을 낼 예정이다.

뿐만 아니라, 우리는 이러한 작업이 여러 관심 있는 사람들에 의해 보다 발전되고 내실 있는 형태로 확산되기를 희망한다.

자료를 모아 이런 형태의 책으로 묶어 내는 과정에서 필자의 익명성, 자료 출처의 확인 곤란 등 여러 사정으로 인하여 필자분들의 사전 동의나 양해를 얻지 못한 점에 대해 이 자리를 빌려 사과드리며, 책이 나온 뒤 확인되는 대로 꼭 연락드릴 것을 약속드린다.

1985년 12월

5 그러나 이제는 어제의 우리가 아니다

80년대 노동자 생활글 모음

돌베개, 1986 [공편]

이 책은 최근에 간행된 노동자 선시집(選詩集) 『우리가 우리에게』의 자매편으로서, 노동자들의 '생활글' 모음이다.

대체로 70년대 말에서 80년대 현시점까지 노동 운동의 과정 중에 산출된 수많은 글들 중 노동 현장 및 노동 문제의 실상과 모순을 잘 드러내 주고 있을 뿐 아니라 일정한 문예적 가치를 지니고 있다고 생각되는 글을 선별해 이 책에 수록했다. 욕심 같아서는 더욱 많은 글들을 싣고 싶었지만, 책이 너무 두꺼워지는 것도 곤란하다는 의견이 있었고, 때문에 비슷한 종류의 글들은 논의를 거쳐 그중 대표적이라고 인정되는 것만을 추려서 실을 수밖에 없었다. 이 점 지금도 애석하게 생각한다.

동일방직이나 대우자동차 노동자의 투쟁 기록, 또 구로공단 노동자 연대 투쟁에 관한 기록 등은 이미 각각 단일한 책으로 정리되어 나와 있지만, 그 책들과 이 책의 의의가 서로 중복되지는 않는다고 생각한다. 왜냐하면 이 책은 노동자의 글 중에서도 특히 문예적 의의가 인정되는 것을 선별했기 때문이다. 따라서 독자들은 그 책에서는 그 책에서 얻는 바가 있을 것이고, 이 책에서는 이 책에서 얻는 바가 있을 것이다. 그러므로 이것들은 각기 노동 현실에서 상보적(相補的)인 기능을 수행할 수 있으리라 본다. 그리하여 미흡하나마 이 책이 노동자들의 문학에 대한 요구를 그런대로 충족시켜 준다면 그보다 큰 다행이 없겠다.

생존 그 자체가 절박하게 문제시되고 있는 노동자에게 있어 문예란 무엇인가? 이른바 노동자 문학이란 필요한 것일까? 새삼스럽게 이런 어리석은 질문을 스스로 한번 던져 봄 직하다.

『우리가 우리에게』의 「책머리에」에서 이미 말해 둔 바 있지만, 노동자들에게 있어 생활과 문예는 '통일적'인 것이다. 따라서 문예는 노동자의 생활 개선과 노동 현실의 변혁에 하나의 특수한 실천으로서 기여하지 않으면 안 된다. 더군다나 현 단계에 있어 노동자 문학은 노동자의 구체적 현실과 맞닿아 노동자의 관심과 흥미를 주체적 방향으로 유발시키고, 용기와 의지를 고취시키며, 자기 자신과 세계(현실)에 대한 객관적 인식을 고양시키는 데 그 총력을 기울여야 할 것을 그 당면 과제로 부여받고 있다. 그러므로 노동자 문학이란 한갓 여가 선용이나 한가로운 일은 아니며, 노동 운동의 한 부문으로서 그와 함께 진행되는 것임에 유의하지 않으면 안 된다.

　이런 이유 때문에 우리는 노동자의 주체적 방향성을 상실케 하거나 전체적 노동 운동과의 연계를 상실할 우려가 있는 일체의 문화주의는 단호히 배격한다.

　한편 노동자들은 경제적 생존과 사회·정치적 권익을 위한 싸움 속에서 자신의 고유한 문화를 모색하고 창조해 나가지 않으면 안 된다. 노동자는 새로운 문화 속에서만 낡은 문화의 질곡에서 해방되어 새로운 인간으로 자신을 창조해 나갈 수 있을 것이기 때문이다. 새로운 문화는 정치·경제적 문제가 해결되면 그에 따라서 '저절로' 획득될 수 있는 그런 것은 결코 아닐 것이며, 싸움의 과정 중에서부터 획득해 나가지 않으면 안 된다. 이후 새로운 문화의 전면적 건설도 이러한 경험과 역량의 축적을 바탕으로 해서만 가능할 것이다. 뿐만 아니라 이러한 노력을 통해서만 우리가 추구하는 '인간 해방'은 진정 그 말에 값하는 의미와 내실을 지닐 수 있게 될 것이다. 때문에 우리는 '정치 만능주의', '맹목적인 경제주의'에 매몰되어 문화를 도외시하는 일종의 소아병적 태도도 똑같이 배격한다.

　시민적 혹은 소시민적 문학에 길들여져 있는 독자나 문학가는 이 책에 수록된 글들을 '문학'으로 간주하는 데 강한 반발과 이의를 표시할 수 있다. 그러나 역설적이긴 하지만 그러한 이의의 제기에서 오히려 노동자 문학의 고유성과 가능성, 현 단계에 있어서의 의의가 그만큼 부각되는 것이라고 우리는 생각한다. 긴말이 필요 없이 사회 구성에 있어 노동자의 위치는 시민이나 소시민의 그것과는 판연히 다른 것이고, 따라서 시민 문학이나 소시민 문학의 관점에서 노동자 문학을 운위하는 것은 가소로운 일이다. 한 가지만 지적해 둔다면, 이 책의 글들은 시민 문학 혹은 소시민 문학에서와 달리 노동과 글, 정신과 행위가 상호 소외되지 않고 전면적으로 통일되어 있다는 사실이다. 이 책에 수록된 노동자의 글들이 '생활글'이라는 새로운 개념으로 파악되어야 하는 이유가 바로 이에 있다.

노동자 문학은 산문의 경우 이 '생활글'을 바탕으로 하여 내용과 형식, 장르에 있어 다양한 자태로 발전해 나가리라 예견된다. 노동자의 '생활글'은 기존의 문학 개념을 수정, 확대시키면서 노동자 문학의 새로운 창조 원동력으로 기능하고 있기 때문이다. 이 책에 수록된 글들의 역사적 의의는 대체로 그렇게 파악될 수 있다. 즉, 향후 보다 본격적으로 전개될 노동자 문학의 발전 도상에 있어서의 한 '통과점'으로 말이다.

우리는 비록 근년에 나온 자료들을 되도록 광범하게 수집한다고는 했지만, 빠뜨린 것도 적지 않을 것이다. 또 경향성, 노동자적 주체성, 문제에 대한 관찰과 기술

(記述)의 정확성 등등, 글을 선정하는 일정한 원칙을 설정하고 숙의를 거쳐 작업을 진행했고 일정한 주제와 문제의식에 따라 글을 배열·편성하긴 했으나, 책이 만들어진 것을 보니 여전히 엉성하여 자책의 마음이 앞선다. 다음 기회에는 좀 더 나은 책을 엮으리라 다짐한다. 준열한 비판과 질정을 바란다.

1986년 1월 15일

제4부

기타

1 　　　　　　　　교주 증보조선소설사

한길사, 1990

후기

나의 연배로 국문학을 전공하는 사람이라면 대개 비슷할 줄 알지만, 내가 김태준을 알게 된 것도 '천태산인'(天台山人)이라는 호와 '김○준'(金○俊)이라는 이름을 통해서였다. 나는 처음에 '김○준'이라고 이름자 가운데에 동그라미가 쳐진 게 식자공(植字工)의 실수려니 생각했다. 그런데 한 곳도 아니고 논문이나 책마다 그렇게 표기되어 있는 게 아닌가. 그때는 내가 국문과에 갓 진학하여 백영(白影) 정병욱 선생께 국문학사 강의를 들을 무렵이었다. 나는 어느 날 강의 중에 '김○준'이 누구며 왜 그 이름에 공표가 들어가는지를 여쭈었다. 선생은 늘 그러시듯 잠시 침묵하시더니 짤막하게 묻는 말에 대답해주셨다. 내 뇌리에 김태준이 각인된 것은 이런 추억과 함께다.

　이후 졸업 논문으로 연암 소설에 대해 쓰고, 계속해 대학원에서 소설사에 관심을 갖고 공부하면서 나는 늘 천태산인의 『조선소설사』를 손 가까이 두고서 궁금한 것이 있을 때마다 뒤적이곤 하였다. 이 책의 관점이나 논지, 이를테면 소설의 개념 규정이나 작품 해석, 시대 구분 등에 더러 불만이 없었던 것은 아니지만 그럼에도 이 책은 늘 내 사고의 출발점이었으며 또 장차 내가 넘어서야 할 벽으로 생각되었다.

　그 후 나는 강단에서 이 책을 바탕으로 강의 노트를 만들어 소설사를 가르치기도 하였다. 이 과정에서 이 책에 대한 면밀한 검토가 이루어질 수 있었다. 이 책의 교주(校注)가 필요하다는 생각을 하게 된 것은 바로 이 무렵이었다. 그리하여 작년부터 틈틈이 교주 작업을 해 왔다. 대개 건강이 안 좋아 심각한 일을 하기 어려운 때를 골라 소일 삼아 이 작업을 하곤 했으므로 일이 빠른 속도로 진척되지는 않았다. 그래서 남 같으면 단박에 끝낼 일을 이러구러 시간이 좀 걸렸다. 이 교주 작업과 동시에 나는 여기저기 흩어져 있는 김태준의 글들을 모으는 일도 진행했다. 냉전 체제에 희생되어 비극적 최후를 맞은 그의 운명에 평소 애틋한 마음을 품어 왔기에 힘이 닿으면 전집 같은 것을 엮어 볼까 해서였다. 그러나 다른 일에 쫓겨 현재 큰 진척을 보지 못하고 있다.

애초 나의 계획은 『조선소설사』의 본문에는 손을 대지 않은 채 교주 작업을 하는 것이었다. 그리하여 『조선소설사』를 영인하여 그에 각주만을 붙여 출판할 참이었다. 이는 가장 손쉬운 방법일 뿐 아니라 전문 연구자의 요구에도 부응하는 것이었다. 그러나 작업하는 과정에서 이러한 계획은 수정되었다. 전문 연구자는 물론 학부 학생이나 관심 있는 일반 독자들에게도 읽히는 책으로 만드는 게 더 좋겠다는 생각을 하게 되어서다. 그러기 위해서는 한자투성이에다 한문 인용문이 그대로 노출되고 있는 원저 그대로는 곤란하다고 여겨졌다. 그래서 '일러두기'에서와 같은 원칙을 정해 놓고 본문을 새로 원고지에 옮겨 적었다. 이 작업은 생각보다 손이 많이 갔지만 천태산인의 생각을 다시 한번 따라가 보는 기회가 되었다. 그리하여 지금과 같은 형태의 책이 되었다. 혹 전문 연구자 중에는 본문을 그대로 두지 않았음을 나무랄 분이 있을지 모르겠다. 그런 분들은 통용되고 있는 영인본을 구해 보되 필요할 경우 이 책의 교주를 참조했으면 한다.

천태산인의 문체는 처음 대하면 다소 생삽(生澁)한 듯하지만 계속 읽다 보면 사람을 강하게 흡인하는 힘을 갖고 있다. 그의 문장은 정밀하다기보다 호방한 쪽이며 차분하다기보다 펄펄 살아 뛰는 기(氣)에 가득 차 있으며 간결하다기보다 장강대하(長江大河)처럼 넘실거리는 쪽이다. 이 기백 넘치는 문체는 천태산인의 개성과 열정 그리고 그 삶의 단적인 표현이니, 한마디로 '파토스'의 분출이라고 할 수 있을 것이다.

이 파토스와 함께 『조선소설사』를 떠받치고 있는 또 다른 지주(支柱)는 '박식'(博識)이다. 이 책은 1930년, 그의 나이 스물여섯일 적에 기필되었으며 3년 후 출판되었는데, 참고할 만한 선행 연구도 별로 없었던 초창기로서의 당시 상황을 염두에 둔다면 천태산인의 박람강기(博覽强記)는 대단한 것이었다고 할 만하다. 그는 자신의 박식을 바탕으로 '종횡으로' 소설사의 구도를 짰던 것이다. 이 구도는 지금도 많은 부분 유효함을 인정받고 있다.

박람강기라는 말이 나왔으니 말이지, 천태산인은 『조선소설사』를 주로 자신의 기억에 의존해 서술했다는 인상이 짙다. 자료 인용 등에서 사소한 잘못이 많은 것은 바로 이에 연유한다고 여겨진다. 하지만 이를 이유로 천태산인의 학풍이 '박이정'(博而精)하지 못하다고 나무랄 수는 없을 것이다. 동아시아 고래(古來)의 학풍은 남의 글을 인용할 때 필요한 것만 취의(取意)하는 경우가 많았는데, 천태산인 역시 이 전통 안에 있었다고 보이기 때문이다.

이러한 파토스와 박식의 힘으로 천태산인은 삼국 시대의 설화에서 우리나라 소설의 기원을 살피기 시작하여 당대 이기영의 『고향』에 이르기까지 우리나라 소설의 전개를 통관(通觀)하고 있다. 우리 소설이 도달한 최고의 수준을 『고향』에서 구하면서 그에 대한 언급으로 소설사를 종결짓고 있음은 자못 인상적이다.

이처럼 『조선소설사』는 고전에서부터 당대 문학까지를 모두 소설사의 기술 대상으로 삼았다. 그 성과에 대한 평가와는 별도로 이러한 기술 태도는 『조선소설사』의 커다란 미점으로서 후학들에게 하나의 모범을 제시하고 있다. 초판에서 기산(起算)할 때 그것은 임화의 「조선신문학사론서설」(1935)이나 「개설조선신문학사」(1939)에 앞서 당대 문학을 역사적으로 정리했다는 의의가 있다. 그러므로 『조선소설사』는 고전문학 전공자만이 아니라 근·현대문학 전공자도 관심을 가질 필요가 있다.

『조선소설사』는 초판이 1933년, 증보개정판이 1939년에 나왔다(최근 예문사에서 재간행된 것은 초판본을 대본으로 삼았다). 천태산인은 『조선소설사』 초판이 나온 이후 그 스스로 적지 않은 불만을 품었던 것 같다. 이는 초판의 자서(自敍)를 통해 확인된다. 그리하여 후속 연구를 진행시켜 갔다. 「춘향전의 현대적 해석」(『동아일보』 연재, 1935), 「조선소설발달사」(『삼천리』 연재, 1935·36), 「홍길동전 연구」(『신동아』, 1936), 「구운몽의 연구」(『조선문학』, 1936), 「장화홍련전 연구」(『조선문학』, 1937) 등이 그것이다. 이 중 「춘향전의 현대적 해석」은 천태산인 스스로도 역작으로 자임했던 논문이다. 이들 연구 성과는 증보판 『조선소설사』에 그대로 수용되었다. 그에 따라 증보판은 초판보다 내용이 한층 풍성해질 수 있었다. 또한 증보판에서는 내용을 새로 추가하기만 한 것이 아니고 불필요한 부분을 일부 삭제하기도 하였다. 하지만 근대 문학 부분은 증보판이 초판보다 서술의 어조가 다소 온건해진 감이 있는데 이는 일제 말기로 치닫으면서 언론 출판 상황이 전보다 악화되었기 때문이 아닌가 한다. 한편, 증보판은 내용이 풍부해진 대신 체계가 다소 손상된 점도 없지 않다. 위의 연구 성과들이 책의 체계 속에 편입되지 못하고 원래의 논문 그대로 실려 있기도 해서다. 또한 천태산인은 증보판에서 초판의 오기나 오식을 바로잡지 않았다. 본 교주서는 이런 오류를 바로잡고, 가급적 서술에 체계를 부여하고자 노력하였다.

　이런 일들은 대체로 사소한 것들에 불과하다. 이는 결코 조선소설사의 위업(偉業)을 훼손하는 것이 아니라, 이미 고전으로 자리 잡은 이 책의 불후성을 굳건히 하는 데 일조하리라 생각한다. 거년(去年) 연민(淵民) 이가원 선생께 들은 말인데, 해방 후 천태산인은 자신의 저작에 오류가 많음을 시인하면서, '이는 그 무렵 일본인 학자들의 손으로 우리 것이 정리되어 가는 데 충격을 받아 서둘러 초(草)한 때문이며 이제 해방도 되고 했으니 후학들이 오류를 고쳐 새로 소설사든 한문학사든 써야 할 것'이라고 했다고 한다. 그렇다면 혹 고인이 아신다 하더라도 이 교주 작업을 그리 찐덥지 않게 생각하지는 않을 듯싶다. 다만 걱정스러운 것은, 아직 나의 공부가 일천(日淺)하여 바로잡지 못한 것도 없지 않으리라는 점인데, 이는 장차 기회 닿는 대로 보완해 나가도록 하겠다.

해방 이후 몇 종류의 소설사가 나왔지만, 누구도 그것들이 천태산인의 소설사를 넘어섰다고 말하지는 않는다. 그리하여 새로운 방법론과 체계, 박식을 바탕으로 하되 면밀한 자료적 실증에 입각한 새로운 소설사의 기술이 오늘날 절실히 요망되고 있다. 천태산인의 진정한 극복은 이에 의해서만 가능할 것이다. 방법과 자료로 무장된 새로운 소설사는 문학 통사와는 별도로 그 존재 의의를 갖는다. 사실 일반 문학사는 개별 장르사의 탄탄한 기초 위에서만 그 수준이 담보되며 그 역은 결코 아니다. 이런 점에서 『조선소설사』의 비판적 계승은 여전히 현재적 의의를 갖는다고 하겠는데, 이 교주서는 적어도 그 점을 환기시키는 역할은 하리라 본다. 이 책의 출간을 계기로 동학들과 더불어 새로운 소설사의 구상을 가속화할 것을 스스로 다짐한다.

1990년 2월 19일

2 민족문학사연구소 창립 취지서

1990년 민족문학사연구소

지금 우리 사회는 커다란 전환기를 맞고 있습니다. 진정한 민주주의의 실현과 자주적 통일에 대한 요구가 지금보다 고조된 적은 없습니다. 이러한 시대적 과제를 달성하기 위한 민주화 운동과 자주적 통일 운동은 이미 각 부문에서 상당한 성과를 축적하고 있습니다.

학술 부문도 예외는 아니어서 최근 몇 년 사이에 민족사의 요구에 적극적으로 부응하고자 하는 새로운 학술 운동이 활기차게 전개되고 있습니다. 역사학을 비롯하여 사회학, 정치학, 경제학, 철학, 법학, 예술 각 분야에 이르기까지 이 운동은 점차 확산되고 있습니다. 이제 우리 문학 연구자들도 그간의 모색과 역량의 축적을 바탕으로 이러한 학술 운동에 적극적으로 동참하고자 합니다.

우리 문학사를 주체적으로 해명하는 작업은 학계의

일각에서 꾸준히 이루어져 왔습니다. 우리는 그러한 노력과 성과를 높이 평가합니다. 그러나 그러한 노력에도 불구하고 연구 작업의 고립 분산성, 연구 방법론의 한계 등으로 현재의 민족사적 요구에 부응하는 과학적, 실천적이며 체계적인 문학사 연구는 대단히 미흡한 실정입니다. 또한 이는 몇몇 개인 연구자들의 힘으로 해결할 수 없는 과제라 하겠습니다.

　이와 같은 학계 안팎의 현실을 돌이켜 보면서 우리는 지금이 우리 문학 연구에 있어서 중대한 전환이 필요한 시점이라는 인식에 도달했습니다. 그래서 연구 과정 및 결과의 사적(私的) 소유(所有)라는 기존의 연구 풍토를 지양하고, 조직적인 공동 연구를 통해 방법론을 모색하고 긴요한 과제들을 해결하며 그 연구 결과까지 공유하는 새로운 연구 방식을 취하고자 합니다.

　이러한 연구 체제 아래 과거와 현재의 민족 문학을 견결한 민중적 입장에서 목적의식적으로 연구·비평함은 물론 새로운 문화 창조에 이론적으로 기여하고 또 그 연구 결과를 대중 속으로 환원시키는 여러 수준의 사업들도 아울러 전개해 나갈 것입니다. 이처럼 전문적 연구와 그 결과의 대중화, 그리고 새로운 민족 문학 창조를 통일시킴으로써 연구와 실천을 한층 긴밀히 결합시키고, 연구 그 자체의 실천적 방향성도 구체적으로 담보할 수 있게 될 것입니다.

우리는 학문주의나 이기적 업적주의에도 반대하지만 사이비 과학주의에도 반대합니다. 우리는 민족사와 세계사의 향방을 늘 주시하면서 실사구시(實事求是)의 과학 정신과 자주적이되 개방적인 자세로 연구를 수행해 나가고자 합니다. 비평과 연구의 진정한 결합은 당대 문학에서만 절실히 요구되는 것이 아니라 문학사의 어느 시기에나 요구되고 있는 것입니다.

최근 여러 대학에서는 소장 국문학 연구자들의 소모임 형태로 공동 연구와 그 대중화 작업에 대한 모색이 나름대로 전개되어 왔습니다. 이제 이러한 모색과 그동안의 경험이 한데 어우러져 큰 물줄기를 이루면서 더 높은 차원의 연구 작업이 가능하게 되었습니다. 이에 우리는 새로운 전망으로 연구자들의 역량을 결집하여 연구의 효율성을 극대화하고자 민족문학사연구소를 창립하기로 뜻을 모았습니다.

우리 모두 민족 문학 연구의 새로운 지평을 연다는 사명감으로 함께 전진합시다.

1990년 4월 14일
민족문학사연구소 창립인 일동

3 성산학술상 수상 소감

1998년 제3회 성산학술상

국문학 연구는 20세기에 들어와 근대 학문으로 성립되었습니다. 이 한 세기 동안 국문학 연구는 많은 진전을 이룩했습니다. 새로 시작될 세기에도 국문학 연구는 계속 발전해 가리라 믿습니다. 그러나 새로운 세기의 국문학 연구는 어려움도 적지 않으리라 생각됩니다. 미래의 국문학 연구가 직면하게 될 위기를 극복하기 위해서는 다음의 몇 가지 점들이 심각하게 고려되어야 하지 않을까 저는 생각합니다.

첫째, 현재의 국문학 연구가 보여 주는 즉물화(卽物化), 사물화(事物化) 경향입니다. 국문학 연구는, 다른 학문 분야와 마찬가지로 전문화·세분화되다 보니 학문을 위한 학문, 동업자들끼리의 학문으로 좁혀지고 있는 경향이 있습니다. 어떻게 보면 국문학 연구는 국문학 연구자의 자기만족을 위해 존재하는 것처럼 보일 때도 있습니다. 국문학 연구는 다시 '인간'의 문제, '삶'의 문제를 그 중심 화두로 복원(復元)해야 하지 않을까 생각합니다. 그럴 때에만 국문학 연구는 인문학의 한가운데로 들어갈 수 있을 것입니다.

둘째, 학문적 엄밀성의 문제입니다. 학문은 정밀성이 생명입니다. 정밀성의 반대어는 '조잡함' 혹은 '무잡(蕪雜)함'일 것입니다. 모든 심오한 사유는 정밀성 위에서만 빛을 발합니다. 그 점에서 학자의 작업은 명품(名品)을 꿈꾸는 장인(匠人)의 작업과 같다고 저는 생각합니다. 그런데 바로 이 학문적 엄밀성이 지금 대단히 위협받고 있습니다. 선학들이 지녔던 미덕인 자료에 대한 '강박증' 같은 것은 이제 찾아보기 어려우며, 대강 읽고 대강 쓰는 것이 새로운 미덕으로 자리 잡아 가고 있는 것처럼 보입니다.

셋째, 정성스러운 마음의 부족입니다. 국문학 연구는 문학에 대한 연구입니다. 문학은 삶과 마찬가지로 기계적이거나 이항 대립적(二項對立的)이거나 도식적으로 이해될 수 없는 어떤 것이라고 저는 믿습니다. 그런데 오늘날의 국문학 연구는 이상하게 이런 방향으로 흘러가고 있는 게 아닌가 하는 의구심을 갖게 됩니다. '기계적'인 태도에는 인간의 깊은 내면에서 우러나오는 '감동'이라든가 '애정'이라든가 '따뜻함'이라든가, 그런 온기(溫氣)를 발견할 수 없습니다. 저는 이것이 국문학 연구자가 정성스러운 마음을 잃어버렸기 때문에 생긴 결과라고 생각합니다. 국문학 연구자에게 요구되는 정성스러운 마음은 진지하고 사려 깊은 마음과도 통하는 것입니다. 자료와 작가와 작품을 대하는 지극하고 정성스러운 마음, 새로운 세기의 국문학 연구자는 이런 마음을 회복해야 하지 않을까 합니다.

넷째, 자기중심성의 극복입니다. 국문학 연구는 현재 여러 영역으로 분화되어 있습니다. 분화는, 연구를 심화시킨다는 점에서 좋은 점도 있지만, 협소한 자기 영역에의 안주(安住)를 낳고, 자신이 부분으로 포함되는 더 넓은 '전체'에 대한 공부와 관심을 차단하기도 한다는 점에서 대단히 심각한 문제가 있습니다. 영역을 둘러싼 소아적이거나 자기중심적인 태도는 결국 모든 국문학 연구자의 지적 수준의 저하를 초래할 것이 분명합니다. 따라서 이 문제에 대한 발상과 태도의 전환이 필요합니다. 기본적·공통적으로 요구되는 공부를 인정하고, '전체'와의 대화를 부단히 꾀해야 한다고 봅니다. 그리고 전체는 다시 다른 전체, 다시 말해 국문학 이외의 학문 분야와 부단히 대화를 주고받는 태도가 필요합니다. 뿐만 아니라, 국문학에 있어 자기중심성의 극복은 국문학과 외국 문학의 관계에서도 필요하다고 봅니다. 이 점에서 자기중심성이란 '주체성'과는 다릅니다. 진정한 주체성이 타자(他者) 역시 하나의 주체로 인정하는 '상호 주체성'을 지향한다면, 자기중심성은 타자에 대한 진정한 이해와 배려를 결여하고 있기 때문입니다.

다섯째, 오늘날 국문학 연구는 '사유', '가치', '비판', '정신' 등과 같은 인문학의 핵심적인 개념들을 잃어버린 듯한 느낌이 듭니다. 아마도 시대의 풍기(風氣)로부터 국문학 연구 역시 자유롭지 못하기 때문이 아닌가 싶습니다. 그러나 이 개념들을 소거(消去)해 버릴 경우 국문학 연구는 '인간'을 배제한 채 즉물화(卽物化)로 치닫고 말 것입니다. 즉물화는 단순성, 얄팍함, 기계성, 경박함으로 이어집니다. 국문학 연구가 이런 방향으로 간다면 대단히 불행한 일일 것입니다. 그것은 사실 국문학 연구만의 불행에 그치지 않고 훨씬 더 큰 불행과 연결된다는 점에서 문제입니다. 국문학 연구가 이런 방향으로 가는 것을 막기 위해서는 인문학의 핵심적인 문제들과 씨름해야 하며, 인간의 정신 및 삶과 관련한 '근본적'인 물음들을 간단없이 되묻지 않으면 안 된다고 생각합니다.

금세기에 우리 민족은 식민지와 분단, 독재의 고통을 겪었습니다. 우리의 선학과 선배 들은 이 과정에서 많은 어려움을 겪으면서도 국문학 연구를 통해 민족적 가치를 옹호하고 민주주의의 실현을 위해 노력했습니다. 그러나 금세기에 우리 민족이 겪은 고통의 후유증은 아직도 지속되고 있으며 게다가 천민적(賤民的) 자본주의(資本主義)가 야기한 새로운 폐단들과 연결되고 있다고 생각합니다. 가치의 혼란, 시민적·민주적 자질의 부족, 공동체적 삶의 붕괴, 전통과 자기 정체성의 상실, 남북국(南北國) 체제의 지속 등에서 그 점을 확인할 수 있습니다. 우리의 선학과 선배 들이 그러했듯, 새로운 세기를 대표할 국문학 연구자들은 자기 시대의 과제를 외면하지 말고 그와 치열하게 싸우는 과정에서 국문학 연구를 더욱 높은 정신적 단계로 발전시켜 가야 하리라 생각합니다.

1950년대에 태어난 저는 20세기에 깊이 관련되어 있으며, 따라서 '20세기적 인간'이 아닐까 생각합니다. 그러나 21세기는 결코 20세기와 분리해 생각할 수 없을 것입니다. 그 점에서 저는 새로운 시대로의 이행을 위해 스스로 분투할 것이며, 그런 모색과 고민을 하는 후배들과 함께하고자 합니다.

바쁘신데도 불구하고 저를 축하해 주기 위해 이 자리에 왕림해 주신 여러 선생님들과 선후배들께 의례적인 말이 아닌 제 진심의 일단을 피력하는 것이 수상자로서의 도리가 아닐까 하는 생각에서 장황한 말씀을 드렸습니다. 아무쪼록 너그러이 헤아려 주실 줄 믿습니다. 감사합니다.

1998년 10월 10일

4　나의 첫 책

2024년 2월 23일 한겨레

나의 첫 책은 『한국고전인물전연구』(한길사, 1992)다. 이 책은 1986년 3월 부산산업대학교(현 경성대의 전신)에 부임한 후 구상되었다. 고전 인물전은 전통 시대의 한 독특한 글쓰기로서 짧은 편폭 속에 한 인간의 굴곡진 삶을 담아 놓고 있다. 이 점에서 인물전은 문학과 역사의 접점을 잘 보여 준다. 인물전 연구는 사회사적 연구나 사상사적 내지 예술사적 접근을 필요로 한다. 이런 다양한 접근법에 열려 있다는 점이 내가 인물전에 흥미를 느끼게 된 주요한 계기였다.

　나의 학문적 도정에서 인물전 연구는 다음의 두 가지 의의를 갖는다. 하나는 광범한 역사 자료를 섭렵할 수 있었다는 점이다. 인물전 연구는 그냥 인물전만 읽는다고 되는 게 아니다. 왕조 실록이나 개인 문집을 비롯한 각종 문헌 자료를 샅샅이 뒤져 읽지 않으면 안 된다.

인물전을 연구하면서 나는 자료 더미 속에 묻혀 살았다. 내 삼십 대 초반의 인생이 이렇게 흘러갔다. 이 과정에서 나는 자료를 다루는 법, 자료에서 눈대목을 읽어 내는 법, 자료에 숨겨져 있는 자료 너머의 목소리를 읽어 내는 공부를 할 수 있었다. 요컨대 이 책을 쓰는 동안 나의 한국학 기초가 다져진 것이다.

두 번째 의의는 인간에 대한 나의 인식 수준을 높이고 확충할 수 있었다는 점이다. 인문학은 구경 인간에 대한 탐구다. 인물전 연구는 사회적·역사적 존재로서의 인간에 대한 나의 이해 지평을 크게 확장시켜 주었다. 고려 후기로부터 조선 후기까지의 역사 속에 명멸한 수많은 인물들의 삶을 들여다봄으로써 나의 학문적 자아는 커지고 깊어질 수 있었다. 이 책으로 인해 나의 학문에서 '인간'과 '역사'는 기본축이 되었다.

이 책에 실린 글들은 거의 모두 부산에 거주하던 3년 동안 쓴 것이다. 그 시절 나는 밥 먹고 강의하고 잠자는 것 빼고는 자료 읽고 글 쓰는 데 모든 시간을 할애했었다. 이 점에서 이 책은 내 학문의 여정에서 기념이 되는 책이다. 학자로서의 고고지성(呱呱之聲)이 담겨 있을 뿐만 아니라, 어렴풋한 대로 내 학문의 정체성, 내 학문적 지향성의 윤곽이 드러나 있기 때문이다.

인물전 연구는 역사학에 가깝다. 그럼에도 나의 이 연구는 작자의 이념이나 사상이 작품의 내용과 형식을 여하히 규정하는가, 글쓰기에서 작자의 세계관은 삶과 현실에 여하히 작용하는가, 한 개인으로서의 인간은 집단이나 계층 혹은 계급과 어떤 관련을 맺고 있는가, 하는 등등의 문예학적 내지 사회학적 문제의식을 그 핵심에 내장(內藏)하고 있다. 이 점에서 이 책의 바탕에는 내가 이십 대에 한창 몰두했던 문예사회학(Literatursoziologie) 공부가 자리하고 있다.

인물전 연구 이후 나의 관심은 전기소설(傳奇小說)로 옮아갔다. 그 성과가 『한국전기소설의 미학』(돌베개, 1997)이다. 전기소설 연구에서 나는 이념과 형식, 세계관과 형식의 내적 연관에 대한 탐구를 좀 더 심화시킬 수 있었다. 이는 결국 작자의 생과 실존이 글쓰기로 어떻게 외화(外化, 형식화)되는가, 그리고 이 외화에 작자의 어떤 생의 지향과 가치 태도가 투사되는가 하는 문제로 집약된다. 나는 특히 매월당 김시습의 『금오신화』 분석을 통해 이 점을 자세히 밝혔으며, 이는 작자의 심리 과정과 작품의 미적 원리의 내적 관련에 대한 인식의 진전을 가져왔다. 이를 통해 나는 텍스트의 내면으로 더 깊이 파고들어 가는 훈련을 할 수 있었다.

마흔 고개를 넘으면서 나는 사상사와 예술사 쪽으로 관심을 확대했다. 『한국의 생태사상』(1999), 『운화와 근대』(2003), 『범애와 평등』(2013), 『능호관 이인상 서화평석』(2018) 등이 그 성과다. 문학 공부에서 출발해 사상사와 예술사 공부에 이르는 과정에서 나는 인문학 연구는 모름지기 통합적으로 수행되어야 함을 깨달았으며, 마침내 '통합인문학'을 주창하게 되었다. 2020년에 낸 『통합인문학을 위하여』는 그 이론적 정초(定礎)를 꾀한 책이다.

지나온 길을 되돌아보면 나의 첫 책 『한국고전인물전연구』는 문학·역사·사상·예술을 통합적으로 연구하는 통합인문학의 출발점이었다고 생각된다.

이 뒤의 책들

『한국의 생태사상』(돌베개, 1999)
나는 1980년대 후반 무렵부터 인간과 자연의 관계에 대해 깊이 생각하게 되었으며 이를 통해 인간 존재에 대해 재사유(再思惟)하기 시작했다. 이 무렵 담헌 홍대용의 저작을 다시 읽으며 그와의 대화를 통해 나의 사유틀을 다시 짜게 되었다. 이 책이 그 성과다.

『운화와 근대』(돌베개, 2003)
이 책의 부제 '최한기 사상에 대한 음미'가 말해 주듯 최한기 사상에 대한 연구서다. 기존의 최한기 연구가 모두 '근대 확인적 관점'에서 이루어진 것과 달리 '근대 성찰적 관점'을 취했다. 시좌(視座)의 전환이다. 몹시 중요한 문제를, 작심하고 아주 짧게 쓴 게 이 책의 특징이다.

『능호관 이인상 서화평석 1·2』(돌베개, 2018)
내가 사십 대 초반부터 20년 가까이 만지작거린 18세기 중엽의 문제적 문인이자 서화가인 이인상의 그림과 글씨에 대한 비평적 분석서다. 이 책을 쓰는 동안 이인상의 서화를 자나깨나 응시하며 그의 삶 속으로 들어갔다 나오기를 되풀이했다. 고된 작업이었지만 행복한 경험이었다.

『한국고전문학사강의 1·2·3』(돌베개, 2023)
정년 퇴임을 앞둔 마지막 학기 학부 강의의 녹취록을 토대로 한 책이다. 기존의 문학사는 흔히 시대 구분과 장르론적 구분에 매몰되어 있거나, 잡다한 사실과 지식의 나열이기 일쑤인데, 이런 것을 지양하고 인간의 마음과 정신을 들여다보는 데 힘을 쏟았다. 애초 계획에 없던 책이다.

5

도남학술상 수상 소감

2025년 4월 10일 제1회 도남상

제가 이 상의 제1회 수상자인 만큼 상을 받는 저의 소회를 말씀드리기에 앞서 도남 조윤제 선생에 대해 조금 언급하고자 합니다.

　도남 선생은 1904년에 태어나 1924년 경성제국대학 예과에 제1회생으로 입학하여 1929년 법문학부 문학과를 졸업했습니다. 선생은 당시 경성제대에서 홀로 조선문학을 전공했습니다. 졸업 후 법문학부 조수, 중앙불교전문학교 강사, 경성사범학교 교원 등을 지냈으며, 1934년 송석하·손진태·이병도·이윤제 등과 협의해 진단학회를 조직했습니다. 1937년 제1저서로 『조선시가사강』을 출판했습니다. 이 책은 2년 전 탈고했지만 출판사를 못 구해 돈을 꾸어 자비 출판했습니다.

　1939년 뜻한 바 있어 경성사범학교 교유(教諭)를 사직하고 보성전문학교 도서관에 연구실을 하나 얻어 도서관장 손진태, 국사학자 이인영과 매일 같이 학문 연구 방법론을 토론해 이른바 '신민족주의 사관'이라는 연구 입장을 뚜렷이 확립하게 됩니다. 1940년 이후 생계 때문에 경신학교, 양정중학교 등에서 한문과 습자 등을 가르쳤습니다. 해방이 되자 법문학부 교수에 임명되었으며, 경성제대가 서울대학교로 개편되자 대학원 부원장 겸 문리과 대학 교수에 임명되었습니다. 1948년 4월 김구·조소앙이 남북 협상을 위해 방북할 때 함께 평양에 갔습니다. 1949년 4월부터 성균관대학교 교수를 겸임했습니다. 이해 5월 대표 저작 『국문학사』를 출판했습니다. 이 책은 도남 국문학 연구의 총결산입니다. 이해 10월 문리대 학장에 임명됩니다만, 한 달 뒤에 돌연 남북 협상에 가담했다는 이유로 경무대 경찰서에 피검되었습니다. 검찰청에서 불기소처분되었으나 1950년 3월 문리과 대학장을 사임해야 했으며, 동년 10월 문리과 대학 교수직도 사임했습니다. 이때부터 성균관대학교 교수를 전임했습니다. 4·19가 일어나자 4월 25일 재경 대학교수단의 데모에 가담하고, 5월 29일 데모 교수단을 주체로 한 한국 교수 협회가 조직되자 그 의장에 피선되었습니다. 그 후 5·16 군사 쿠데타가 일어나자 5월 18일 피검되어 검찰로부터 5년을 구형 받았으며, 8월 자원의 형식으로 성균관대 교수 및 대학원장을 사임했습니다. 1962년 2월 혁명 재판소로부터 무죄를 선고 받기는 했지만 이 일로

서대문형무소에 8개월 반이나 수감되는 고초를 겪었습니다. 1965년 3월 대구의 청구대학 교수에 취임했으나 7월 재경 교수단의 한일 협정 반대 선언문에 서명하고 그 의장단 대표 의장에 추대됩니다. 이 일로 이튿날 중앙정보부에 연행되었으며, 9월 문교부로부터 정치교수로 지목되어 대학에서 추방되었습니다. 2년 후인 1967년 3월 청구대학 교수에 복직되고, 청구대학과 대구대학이 통합하여 영남대학교가 되자 이 대학 교수로 1974년 정년퇴임했으며, 2년 후인 1976년 4월 10일 서울의 돈암동 자택 시오장(是吾莊)에서 작고했습니다.

선생은 『국문학사』의 자서에서, 독립운동을 한다는 마음으로 국문학 연구를 했노라고 했습니다. 또한 자찬 묘비명에서 "生於民族, 死於民族"했으며 이 때문에 평생 고단했으나 후회하지 않는다고 했습니다. 이에서 잘 알 수 있듯 도남 선생의 국문학 연구는 민족의 삶과 분리되지 않습니다. 선생은 민족 해방을 위해, 민족의 분단을 막기 위해, 민족의 민주적·자주적 삶을 위해 몸을 던졌고, 이 때문에 영어(囹圄)의 몸이 되기도 하고 서울대학과 성균관대학에서 쫓겨나기도 하는 등 순탄치 못한 삶을 살아야 했던 것입니다.

도남의 민족사관은 정병욱, 최진원 교수와 같은 서울대 제자들에 의해 부정되었습니다. 이분들의 이런 입장은 해방 후로부터 1950년대로 이어지는 한국의 어수

선한 정치 현실과 무관하지 않습니다. 그렇기는 하지만 이런 입장은 국문학 연구를 실증(實證)과 도락(道樂) 속에 가두는 결과를 초래했습니다. 국문학 연구에서 민족의 배제는 '나' 즉 연구 주체에 대한 간단없는 성찰의 봉쇄로 이어졌으며, 이는 결국 '타자'에 대한 정당한 물음과 관심의 소거를 낳았습니다. 이로 인해 국문학 연구는 비록 자족성(自足性)을 강화하기는 했어도 도남학이 보여 준 스케일과 원대함을 잃어버리고 말았습니다.

도남 선생의 민족사관은 선생의 성균관 시절 제자인 이우성 교수에게 계승되었습니다. 이우성 교수는 6·25 때 부산의 천막 대학에서 도남 선생의 강의를 들었으며, 이후 평생토록 학문 주체와 민족의 삶을 연결 짓는 쪽으로 학문 행위를 했습니다. 그리고 도남 선생이 돌아가시자 그 묘비명을 지었습니다. 전언에 의하면, 선생 생전에 '내가 죽으면 내 묘비명은 자네가 쓰라'고 당부했다고 합니다.

도남 선생이 근대 국문학 연구 제1세대라면, 그 제자들은 제2세대에 해당합니다. 제2세대 국문학자들의 제자인 조동일, 임형택 교수는 제3세대에 해당합니다. 조동일, 임형택 교수와 같은 제3세대의 리더들이 국문학 연구에서 민족의 문제와 씨름한 것은 도남-이우성으로 이어지는 도남학의 영향 때문이라고 말할 수 있습니다.

저는 제4세대에 속하는 연구자입니다. 제4세대나

제5세대에 속하는 연구자 중에는 국문학 연구에 민족 관념을 끌어들여서는 안 된다고 생각하는 이들이 없지 않습니다. 예를 들면 강명관 교수가 그런 분입니다. 이는 민족사관의 '부정의 부정의 부정'이라고 할 것입니다. 이 같은 제3부정에는 일리가 없지 않습니다. 과대한 민족주의적 이념과 정서가 사상(事象)을 왜곡하거나 오도하는 경우가 적지 않았기 때문입니다. 그렇기는 하나 '민족'을 근대에 발명된 순전한 허구로 보거나 부정 일변도로만 보는 것은 실제에 부합하지도 않거니와 그리 합리적이라고 생각되지 않습니다. 민족의 내포와 외연은 역사적으로 변해 왔습니다만 그럼에도 언어, 문화, 관습, 역사, 공동체적 숭배의 대상 등의 측면에서 커다란 동질성과 구심력을 보여 주기 때문입니다. 한국은 바야흐로 다인종 국가로 접어들고 있습니다. 하지만 그럼에도 불구하고 앞으로도 퍽 장구한 기간 동안 국민국가적 시공간과 결부된 언어와 역사적 기억의 공통 기반 위에서 우리의 삶이 영위될 것입니다. 이 점에서 민족은 지속되는 것입니다.

    물론 이때 민족은 이전의 민족과는 내포와 외연을 좀 달리합니다. 이 때문에 민족에 대한 우리의 관념과 의식은 새로운 조정이 필요하다고 여겨집니다. 이는 우리와 타자의 정당한 관계를 위해서도 불가피합니다. 이런 여러 가지 점을 고려해 저는 도남 민족사관의 제4부정이 필요하며, 이는 겸손하면서 유연하고 개방적이면서 다원적인 주체의 정립으로 이어져야 한다고 보고 있습니다. 그럼으로써 '나'에 대한 존중과 깊은 이해가 폐쇄적·독존적(獨尊的)으로 되지 않고 타자에 대한 존중과 깊은 이해로 연결될 수 있을 것입니다.

도남학술상의 수상 저작인 졸저 『한국고전문학사강의』의 근저에는 기본적으로 이런 저의 관점이 자리해 있습니다. 그리하여 민족을 과도하게 내세우는 데 동의하지 않되 민족을 무화(無化)하는 관점에도 동의하지 않고 있습니다. 그 대신 우리말, 토착 문화와 습속에 주목하면서 타자의 수용과 학습을 통한 '나'의 향상과 풍부화에 큰 의미를 부여하고 있습니다.

일제 강점기에 유독 도남 선생만이 민족을 전제로 국문학을 연구한 것은 아닙니다. 또 다른 제1세대 학자들인 천태산인 김태준, 위당 정인보 선생도 모두 그리했습니다. 도남 선생과 마찬가지로 이분들도 모두 지사의 풍모를 지녔으며, 목숨 걸고 국문학을 했습니다. 하지만 도남 선생에게는 이분들에게 없는 것이 두 가지 있습니다. 하나는 쉐마(Schema)이고, 다른 하나는 사상입니다. 쉐마란 이론틀이나 도식을 말합니다. 『국문학사』에서 그 점이 확인됩니다. 일제 강점기는 물론이려니와 지금도 자신의 연구를 이런 쉐마를 만들어 내는 데까지 밀고 나간 연구자는 좀처럼 찾기 어렵습니다. 이와 달리 선생은 아주 정교하고 체계적인, 자기대로의 사유틀과 체계를 고안해 냈습니다. 이 때문에 선생의 『국문학사』는 하나의 '사상'으로서의 위용을 보여 줍니다. 지금 볼 때 디테일이 좀 부족하다거나 하는 것은 그리 중요한 문제가 아닐 것입니다. 중요한 것은 입장과 관점입니다. 도남 선생의 문학사와 같은 문학사는 세계 어디에도 없습니다. 자기만의 독특한 입장과 관점을 담보하고 있으니까요. 이 점이 도남 국문학의 위대성이며, 『국문학사』가 사상서로서 불후성을 갖는 이유입니다. 그러므로 국문학 연구의 첫 자리에 도남 선생이 계신다는 사실은 우리 후학으로서는 더없이 다행한 일이 아닐 수 없습니다.

    지금 우리의 현실을 돌아보면 인문학은 인류사에 유례가 없을 정도로 푸대접 받고 있으며, 국문학의 위상 역시 실추되어 있습니다. 디지털에 기반한 과학 기술 문명으로의 급격한 진입 때문입니다. 하지만 디지털 문명 속에서 인간의 사유는 크게 위축되어 가고 있으며, 인간다운 가치들이 주변화되거나 폄하되거나 소멸되어 가고 있습니다. 한국 인문학의 최핵심이라 할 국문학은 이런 상황에 굴복해서는 안 되리라 생각합니다. 오히려 지금이야말로 국문학은 분발을 통해 그 존재 이유를 증명해 보여야 할 때가 아닌가 합니다. 도남 선생은 일제 강점기 때 자기 시대의 당면 과제인 민족의 독립을 위해 혼신의 힘을 다해 분투했습니다. 도남 선생의 이런 학문적 자세를 배워 오늘날의 국문학자들은 시대와 공동체의 과제를 결코 외면하지 말고 그 해결을 위해 고심해야 할 것입니다.

도남학술상의 수상은 제게 더없는 영광입니다. 저는 이십 대 초반 이래 도남과 천태산인을 사표로 삼아 공부해 왔으며, 이 두 분에게서 큰 학문적 감화를 받았습니다. 상은, 상을 받는 사람을 격려하는 의미도 있지만 그 상이 기리는 분에 대한 기억의 의미도 있습니다. 이 점에서 저는 이 상이 왠지 도남 선생의 '고향으로의 귀환'을 의미하는 것만 같아 대단히 기쁩니다.

끝으로, 도남학술상을 위해 뒤에서 온갖 수고를 하셨을 운영 위원회와 심사 위원회의 여러 분들께 심심한 사의(謝意)를 표합니다. 그리고 바쁘신 중에도 왕림해 주신 여러 내빈들께도 마음으로부터의 감사를 드립니다.

2025년 4월 10일

발문

발문   경계인의 올곧은 자의식과 사유의 힘
         박희병의 글쓰기를 생각하며

권성우(숙명여대 교수, 문학평론가)

1. 어떤 기억

1982년에 대학 어문학 계열에 입학한 나는, 1년 후인 1983년 국문학과에 진입했다. 전공이 정해지지 않았던 신입생 상태에서 벗어나 한국문학 공부에 대한 설렘과 호기심이 넘치던 그해 여름, 대학 구내 서점에서 책 한 권을 구입했다. 『벗이여, 흙바람 부는 이곳에』라는 제목을 단, 1981년 여름 불의의 사고로 고인이 된 박병태 학형의 유고집이었다. 그가 국문과 선배라는 사실이 이 책을 보게 된 이유였지 싶다. 지금 그 책을 다시 보니, 두 번째 페이지 여백에 내가 직접 쓴 김민기의 노래〈친구〉의 가사가 적혀 있다.
 이 한 권의 책을 통해 박희병이라는 이름을 처음 가슴에 새겼다. 박병태의 글도 무척 인상적으로 다가왔지만, 그 못지않게 편자인 박희병의 발문이 마음을 관통했다. 가령 다음과 같은 문장을 읽으며, 이런 이상적인 인간에 대한 호기심이 발동했을 테다.

> 고인의 글은, 그 자신이 어디에선가 말하고 있듯이, 낡은 사회의 철벽을 깨뜨리다 스스로 피투성이가 된 인간에게서 간간이 새어 나오는 신음과 같은 것이었다.
> 고 박병태 형, 그는 맑고 깨끗한 혼을 간직한 이 시대에 드문 인간이었으며, 벗들과 이웃의 고통을 마치 자신의 아픔처럼 괴로워한 인간이었다.

갓 스무 살 청춘의 한복판을 통과하던 시기였기에, 박병태의 인간 됨됨이에 대한 박희병의 표현이 뇌리에 인상적으로 남았던 것으로 기억한다. 나도 부족하지만 그런 인간이 되고 싶다는 생각이 가슴 한 켠에 자리 잡았으리라. 박병태와 국문과 동기생이기도 했던 박희병의 발문을 읽으며, 인간과 역사에 대한 깊은 애정과 사색의 힘을 느꼈다.

아마 이즈음부터 '박희병'이라는 이름 석 자가 내 가슴에 저장되지 않았을까.『벗이여, 흙바람 부는 이곳에』에 대한 독서는 역시 그가 편집한 박병태 유고 시집『차라리 밤을 기다리며』로 이어졌다. 그리고 대학원 진학

후에 우연히 그의 논문 「「춘향전」의 역사적 성격 분석」(『전환기의 동아시아 문학』, 1985)을 접했다. 이 논문은 박희병이 "가장 마음이 가는 논문"으로 여긴 두 편 중 하나이다. 「춘향전」에 나타난 민중 의식을 면밀하게 추적한 이 논문을 읽으며, '아, 이토록 정교하면서도 당당하고 치열한 글이라니'라는 생각을 했더랬다.

    당시 대학원에서 현대문학을 공부하던 나는 이 논문을 통해 고전문학 분야에 대해 가지고 있던 모종의 선입견을 깨트릴 수 있었다. 중요한 건 시대가 아니라 대상을 바라보는 시좌(視座)와 문제의식이라는 것, 박희병의 표현에 의하면 "근대문학과 전근대문학 간에 우열은 없다"는 사실을 온전히 깨달을 수 있었다. 이 논문을 통해 고전문학 연구의 매력과 엄청난 가능성을 느꼈다. 무엇보다 논지를 이끌어 가는 학문적이면서도 역동적인 문체의 힘이 강렬하게 다가왔다.

    그 후로 그가 의욕적인 논문을 발표하며 문제적인 저서를 계속 펴내는 것을 멀찍이서 지켜보았다. 전공 공부에 몰두하느라, 박희병이 펴낸 책들을 충분히 검토하지 못했지만, 간혹 접했던 그의 논문과 책은 '아, 이 사람은 여전히 이토록 치열하구나'라는 생각을 하게 만들었다. 많은 책이 인상적이었지만 그중에서도 『연암을 읽는다』, 『저항과 아만―『호동거실』 평설』, 『엄마의 마지막 말들』 같은 책들이 특히 기억에 남는다. 내게 그의 글은 단지 학문적 글쓰기에 그치지 않고 문학적 조망과 비평적 접근이 필요한 문학 텍스트에 가깝다.

이 글은 지금까지 발간된 박희병 교수의 책(저서, 번역서, 편서) 서문과 몇 편의 에세이를 엮은 『서문, 책의 안과 밖』의 발문 형식으로 쓴 비평 에세이다. 현대문학 연구자가 고전문학자의 책에 이런 글을 쓰는 것도 드문 일이지 싶다. 부디 이 글이 박희병의 저작이 지닌 현재적 의미가 눈 밝은 독자들에게 다가가는 데 도움이 되길 바라는 마음이다.

2. 경계인의 자의식

박희병의 학문적 태도는 "이인상이 그토록 강조한 '독립불구'(獨立不懼: 홀로 서 있되 두려워하지 않음)의 정신을 나는 이 책을 집필하는 내내 잊은 적이 없으며, 지금도 그러하다. 학문 역시 결국은 '독립불구' 아니겠는가"(『능호관 이인상 서화평석』 서문)라는 고백에서 여실히 드러난다. 그는 마흔 살에 모교인 서울대 국문과 교수로 부임해 여러 의미 깊은 저술을 통해 그 학문적 성과를 단단히 다져 왔으며, 지금까지 두계학술상, 성산학술상, 우현학술상, 월봉저작상, 3·1문화상 학술상(인문사회과학부문) 등을 수상한 바 있다. 올해 2025년에도 제1회 도남학술상을 수

상했다.

관점에 따라서는 학인 박희병에게는 누구보다도 성실하고 탁월한 연구 업적만큼, 그에 대한 평가와 보상도 따라왔다고 볼 수 있다. 그는 한마디로 말해 한국 고전문학 연구자로서는 정점에 오른 학자이다. 박희병은 단순히 학문적 저작에 머물지 않았다. 『연암을 읽는다』, 『자신을 속이지 않는 공부』, 『엄마의 마지막 말들』과 같은 책들은 대중 독자들의 커다란 관심사가 되기도 했다. 이런 그에게 학문적 소외나 불우는 일견 어울리지 않는 단어이다.

하지만 그는 평생에 걸쳐 방외인과 경계인을 비롯한 소수자, 실력과 문재(文才)는 뛰어나지만 뜻을 충분히 펴지 못했던 박지원, 정약용, 이덕무, 이언진, 최한기 등의 소외된 문사에 대해 끊임없는 애정과 관심을 지니며 연구해 왔다. 박희병이 당대 사회에서 배제되고 소외되었던 이인상, 이윤영을 비롯한 단호그룹에 대해 "이들은 회의주의에 빠지지도 않고 현실과 타협하지도 않았으며, 평생 지조를 지키며 올곧은 자세로 세계와 맞서다 사라져 갔습니다"(『한국고전문학사 강의』 2권)라고 표현한 대목에는 이들 소수자에 해당하는 문사에 대한 깊은 애정이 배어 있다.

그는 학계의 중심인 서울대 교수라는 자리에 있으면서도 학문적 여정 동안 열린 논쟁적 글쓰기와 치열한 비판을 수행하며 소수자의 감성으로 인간과 세계를 해석해 왔다.* 대체로 변방의 학자나 비주류 문사가 활발한 논쟁을 수행하거나 중심이나 주류에 대한 비판적 열정을 표출하는 건 자연스러운 행보라고 볼 수 있다. 하지만 박희병처럼 해당 학계의 정점에 있는 학자가 지속적으로 이런 비판적 시선과 소수자의 감성을 유지한다는 건 정말 드문 경우라 하지 않을 수 없다.

어떻게 이런 일이 가능했을까? 나는 그만의 그럴 만한 곡절이나 사연, 마음의 상처, 가족사의 내력에 대해 전혀 모른다. 다만 그가 20대 중반에 시국 사건과 관련해 두 달간 도피 생활을 경험했다는 사실은 이번 『서문, 책의 안과 밖』에도 나와 있다. 아마도 박희병의 지극히 열린 태도와 인간과 세상을 바라보는 겸허한 마음이 이런 뜻깊은 행보를 가능하게 만들었으리라고 짐작할 뿐이다. 그가 청춘 시절 세상을 뜬 국문과 동기생 고 박병태를 일러 표현한 "맑고 깨끗한 혼을 간직한 이 시대에 드문 인간", "벗들과 이웃의 고통을 마치 자신의 아픔처

---

*   특히 그중에서도 이언진의 『호동거실』을 둘러싼 김명호와 박희병의 치열한 논쟁적 대화는 여러모로 흥미롭다. 같은 학과(서울대 국문과)에 재직 중인 고전문학 전공 교수들 사이의 논쟁이라는 점도 그렇고, '문학 연구의 방법과 지향의 차이'(박희병)를 흥미롭게 보여 준다는 점에서도 그렇다. 이에 대해서는 다음 논문을 참조할 것. 김명호, 「李彦瑱과 虞裳傳」, 서울대규장각한국학연구원, 『한국문화』 70호, 2015. 박희병, 「『호동거실』의 반체제성」, 민족문학사학회, 『민족문학사연구』 63호, 2017.

럼 괴로워한 인간"은 그 자신이 지향했던 인간관을 에둘러 표현한 게 아닐까 생각된다.

박희병은 어떤 연구 대상에 대해서도 애정은 지니되, 전적으로 이상화하지 않는다. 그는 『운화와 근대』 서문에서 다음과 같이 적었다.

> 나는 이 책에서 내가 할 수 있는 한 끈질기게 최한기 사상의 문제점을 파헤치며 그것을 비판하고자 노력했다. 그것은 한갓 비판을 위한 비판은 아니다. 나는 비판을 통해 무언가 중요한 것을 우리가 배울 수 있을 뿐만 아니라, 비판을 통해서만 비로소 최한기 사상의 장점이 정당하게 음미될 수 있다고 믿었다.

이런 태도는 그의 책 곳곳에서 펼쳐진다. 박희병은 "텍스트의 진정한 이해를 위해서는 공감 능력이 중요하다고 생각되지만, 그에 못지않게 비판 능력 또한 중요하다. 비판 능력에 의해 견제되지 않는 공감 능력은 자폐적이거나 자의적으로 되기 쉽다"(『연암을 읽는다』)고 언급한다. 그가 "조선 문학사에 단 하나밖에 없는 진짜 '괴물'"이라고 대단히 높이 평가한 이언진에 관한 대목에서도 "이언진은 비록 자신의 아내를 사랑하고 존중하는 모습을 보여 주고 있기는 하나, 그의 사유 속에서 여성에 대한 의미 있는 인식의 진전이 발견되지는 않는다. 이 점은 간과해서는 안 될 이언진의 중대한 한계라고 해야 할 것이다"(『나는 골목길 부처다―이언진 평전』)라고 지적한다.

박희병의 치열한 비판과 저항 정신은 어떤 성마름보다는 성숙과 지혜로 이어진다. 그는 "저항하는 주체는 굳건하되 겸손하고, 강하되 부드러울 필요가 있다. 그래야만 저항이 자기소외나 자기파괴로 귀착되지 않고, 인간성의 고양으로 연결되는 실마리를 확보하게 될 터이다. 이 역시 이언진을 통해 배울 수 있다"(『나는 골목길 부처다』)고 저항에 대한 생각을 피력한다. 이 대목에서 '저항'을 '비판'으로 바꾸어도 충분히 의미가 통한다. 자신과 생각, 입장을 달리하는 사람들에 대한 증오와 혐오가 판치는 이 시대에 이런 태도는 참으로 귀하지 않은가.

박희병은 강의에서 "유득공은 지식인이 학식이 높아지고 생각이 고매해질수록 현실에서 소외된다고 생각한 듯합니다. 자기 자신이 그랬으니까요"(『한국고전문학사 강의』 3권)라고 말한다. 이러한 실존의 모습은 그 사회의 경계인에 속하는 지식인이 지닐 법한 초상이라 하겠다. 서울대 국문과 교수이자 여러 저서를 통해 전공 분야 학계의 폭넓은 인정을 받은 박희병을 현실에서 소외된 존재로 볼 수는 없을 테다. 하지만 그로서는 자신이 서 있는 위치에서 유득공이 느낀 감정, 즉 학식이 높아지고 생각이 고매해질수록 현실에서 소외된다고, 자신의 사유와 생각이 현실과 학계에 온전히 소통·전달되지 않는다고 느끼지 않았을까 싶다. 인간은 누구나 자신이 서 있는 위치에서 새로운 고민과 문제의식을 마주하는 존재이기 때문이다.

3. 인간의 마음을 이해하기

이번 『서문, 책의 안과 밖』과 박희병의 저서들을 통독하면서 가장 뚜렷하게 느낀 사실은 그가 문학 연구를 통해 무엇보다 인간에 대한 깊은 이해를 도모하고 있다는 점이다. 그는 "우리가 생에서 늘 목도하는 바이지만 인간을 제대로 이해한다는 것은 얼마나 어려운 일인가"(『능호관 이인상 서화평석』 서문)라고 묻는데, 이런 태도는 역으로 그가 인간을 이해하기 위해 지금까지 커다란 노력을 기울여 왔음을 의미한다.

그가 쓴 책들에서는 텍스트 속의 인간과 저자의 마음을 이해하기 위한 혼신의 노력을 발견할 수 있다. 가령 "작중인물인 최치원이나 작가 김시습의 마음속으로 들어갔다가 나오기를 여러 번 되풀이하였다"(『한국전기소설의 미학』), "연암을 알기 위해서는 연암의 마음속으로 들어가지 않으면 안 된다. 연암이 무엇을 괴로워했는지, 무엇을 기뻐했는지, 무엇을 슬퍼했는지, 무엇에 분노했는지, 스스로 연암이 되어 느껴 보지 않으면 안 된다"(『연암을 읽는다』 서문), "남의 글을 완상하거나 비평할 때 가장 중요한 건 글쓴이의 '마음'을 아는 것일 터이다"(『연암과 선귤당의 대화』) 같은 문장이 특히 그러하다. 일찍이 시인 기형도가 "이 세상에 같은 사람은 없네"(「그집 앞」)라고 읊었듯이 타인의 마음을 온전히 이해한다는 건 거의 불가능에 가깝다. 그러나 동시에 타인의 마음을 성심성의껏 이해하고자 하는 노력 없이는 어떤 의미 있는 학문적·예술적 성과도 가능하지 않다.

박희병은 능호관 이인상의 연보를 작성하면서 "인물의 외적 행위는 물론 그 '실존'과 '내면 풍경'까지도 기술하고자 했다"(『능호관 이인상 연보』 서문)고 적었다. 이 점은 연구 대상인 한 인간의 속 깊은 마음의 움직임과 내면 풍경을 포착하려는 연구자의 집요한 의지를 잘 보여 준다.

박희병의 최근 저작이자 정년 전 마지막 학부 강의의 결실인 『한국고전문학사 강의』 1·2·3권은 무엇보다 고전문학사에 등장하는 다양한 저자와 문인의 마음을 이해하기 위한 고투의 도정이라 할 만하다. "문학사 속에 등장하는 다양한 인간들을 통해 '인간'에 대한 이해를 심화하는 것"(『한국고전문학사 강의』 서문)이 저술 목적이다. 그는 이 책에서 "문학의 본령은 무엇일까요? 저는 인간의 '마음', 인간의 '정신', 인간의 '삶'을 탐구하는 것이 문학의 본령이라고 생각해 오고 있습니다"(1권), "인간을 얼마나 다면적으로 깊이 있게 들여다보는가가 문학의 핵심 과제거든요"(2권)라고 말한다. 박희병의 문학사는 곧 "마음과 정신의 역사적 궤적으로서의 문학사"(1권)에 다름 아니다. 이전에 비해 문학 논문과 학술서는 엄청나게 양산되고 있지만, 정작 인간에 대한 깊은 이해와 섬세한 통찰이 그만큼 진전되었다고 볼 수는 없기에 내게는 이런 태도가 깊은 공감으로 다가온다.

박희병에게 문학 연구의 가장 핵심적인 과정은 무엇보다 인간에 대한 깊은 이해, 인간 마음의 무늬를 독해하는 섬세한 감수성과 연결된다. 그는 이런 연구 과정을 꽤 즐겼던 것으로 보인다. 그러니 "매번 새로운 인물과 만나면서 그 삶의 깊은 내면을 엿보고 그들과 희로애락의 감정을 함께한다는 것이 필자에게는 대단히 즐겁고 보람 있는 일이었다"(『한국고전인물전연구』)고 적었을 테다.

인간에 대한 다면적 이해는 곧 학문적 성장으로 이어진다. 박희병은 「나의 첫 책」이라는 글에서 다음과 같이 언급한다. "고려 후기로부터 조선 후기까지의 역사 속에 명멸한 수많은 인물들의 삶을 들여다봄으로써 나의 학문적 자아는 커지고 깊어질 수 있었다." 이후에도 인간에 대한 호기심과 탐구욕은 지속적으로 유지되며 깊어졌다. 고전문학사를 수놓은 여러 문사와 그 작품에 등장하는 다양한 인간 군상의 내밀한 마음, 욕망, 의지,

좌절, 자의식, 기쁨과 슬픔, 성취와 절망을 면밀하게 분석하고 헤아리면서, 박희병 자신도 인간이라는 존재에 대한 이해의 폭이 심화·확장되었으리라. 그 시간은 스스로 학문적으로 성장하는 과정이기도 했을 테다.

4. 새로운 글쓰기 형식

박희병은 "요 몇 년 새 한국학 글쓰기의 새로운 형식에 대한 모색을 나름대로 해 오고 있다"(『나는 골목길 부처다』)고 쓴 바 있다. 실제로 그는 1993년에 출간된 『조선후기 전(傳)의 소설적 성향 연구』의 서문에서도 "국문학 연구의 기존 관습에 얽매이지 않고 새로운 글쓰기의 방식을 모색하는 한편, 연구 영역을 확장해 가며 지적 활기를 잃지 않을 것을 스스로 다짐한다"고 적었다. 이러한 다짐은 박희병의 오랜 저술 활동 동안 수행된 혁신적인 글쓰기를 통해 구현됐다고 할 수 있겠다.

박희병은 학술 논문 형식에 얽매이지 않고 평전, 비평, 평설, 강의, 에세이 등의 다양한 형식을 활용하여 학문적 깊이를 담보하면서도 독자들의 시선에 다가가는 그만의 글쓰기 스타일을 일구었다. 비교적 최근에 간행된 『능호관 이인상 서화평석』 1·2권은 그의 탐구 영역이 문학에서 더 나아가 회화와 서예에까지 확장되고 있음을 잘 보여 준다. 이 책에서 박희병은 전통적인 문학 연구서의 고식적인 서술 방법에서 탈피해 비평, 전기, 에세이 등의 글쓰기를 자유롭게 활용한 혁신적인 글쓰기를 시도한다.

연구 대상이 개성적이며 독특한 글쓰기를 구사하는 경우 그 대상에 대한 글쓰기도 혁신적일 필요가 있다. 그렇기에 박희병은 "독특한 글쓰기를 통해 자신의 사상을 종횡무진 펼쳐 간 최한기와 같은 사상가를 음미하기 위해서는 뭔가 그에 걸맞은 글쓰기 형식이 필요할 터이다"(『운화와 근대』 서문)라고 적었다.

글쓰기 방법의 혁신이 근본적인 의미에서 왜 필요한가? 그는 이렇게 응수한다. "인식과 사고의 진전, 그리고 학문적 주체성은, 비단 내용에서만이 아니라 '형식'을 통해 담보된다는 믿음 때문이다."(『나는 골목길 부처다』 서문) 박희병의 글쓰기 철학은 단지 내용과 사유 차원에 머물지 않고, 언어와 표현을 비롯한 글쓰기 형식에도 관심을 기울인다. 예를 들어 "박지원 글쓰기의 기저에는 그 특유의 언어 의식이 자리하고 있습니다. 박지원은 18세기 조선 지식인 가운데 언어 문제에 대해 가장 깊이 사유한 인물입니다"(『한국고전문학사 강의』 3권)라는 구절에서 보다시피, 저자 박희병은 박지원이 구사하는 언어 의식에 대해 각별한 관심을 보인다. 구체적으로 그는 연암 박지원의 표현미와 언어미학에 대해서 다음과 같이 언급한다.

표현미에 대해 몇 군데 살펴보자. 연암은 기물을 나열하면서 무엇 하나 무엇 하나라는 식으로 "하나"라는 말을 무려 여덟 번이나 되풀이해 사용하고 있다. 이 말은 사물의 구체성을 부각하는 효과도 거두고 있다고 여겨지지만, 동시에 이 단락 전체가 풍기는 권태로움의 뉘앙스를 증폭하는 데 언어미학적으로 일조하고 있다고 판단된다.(『연암을 읽는다』)

박희병에게 진정한 글쓰기의 혁신은 내용이나 사유가 표현이나 형식과 긴밀히 맞물렸을 때 비로소 가능한 경지다. 이런 문제의식을 지녔기에 그는 내용과 형식 면에서 두루 글쓰기의 혁신을 시도한 최한기, 박지원 등을 정밀히 탐구하며, 그 스스로 학문적 글쓰기의 혁신을 지속적으로 수행해 왔다.

5. 사유와 지성의 힘

박희병의 저서와 논문, 『서문, 책의 안과 밖』을 읽으면서 나는 이즈음 한국 인문학계에서는 드물게 존재하는 사유의 깊이와 지성의 힘을 느꼈다. 그는 20여 년 전에 "좀 느리더라도 최소한의 품격과 질적 수준을 '끝까지' 유지하고자 한다"(『우리고전 100선』 간행사)는 의지를 밝힌 바 있다. 실제로 이러한 소망과 의지는 박희병의 여러 저작 활동을 통해 관철되었다고 본다. 그렇기에 그가 펴낸 한 권 한 권의 책들은 각기 다른 문제의식으로 무장한 사유와 지성의 품격을 동반한다.

글쓰기의 질적 수준과 사유의 깊이를 확보하기 위해 남다른 정성을 바치는 박희병의 학문적 태도는 「성산학술상 수상 소감」에서 잘 드러난다. 그는 "모든 심오한 사유는 정밀성 위에서만 빛을 발합니다. 그 점에서 학자의 작업은 명품을 꿈꾸는 장인의 작업과 같다고 저는 생각합니다"라고 언급했다. 『운화와 근대』 서문에서는 "학문은, 그리고 모든 지적 작업은, 참된 의미에 있어서 진지함과 깊이를 가지면서 그 본래면목을 보여 줄 수 있는 게 아닐까?"라고 묻는다.

『서문, 책의 안과 밖』「자서」에서도 저자는 "서문은 책만큼의, 혹은 책보다 더 높은 사유를 내장하지 않으면 안 된다"고 적었다. 그가 보기에 이 시대에는 "사유다운 사유는 좀처럼 발견하기 어렵다."(『능호관 이인상 서화평석』 서문) 박희병에게 '사유다운 사유'가 얼마나 절실하게 다가왔는지가 짐작되는 문구이다.

그러하기에 저자는 자연스럽게 자신의 문제의식에

부합되는 작품과 작가를 높이 평가하게 된다. 이언진 시집 『호동거실』이 바로 그 예에 해당한다. 박희병은 "치열성과 진정성, 예술성·사상적 깊이, 인식의 해방성이라는 측면에서 『호동거실』은 조선 후기 문학의 한 우뚝한 봉우리로 간주해도 좋다고 생각됩니다"(『한국고전문학사강의』 3권)라는 견해를 피력한다. 그가 『호동거실』을 논하며 서술한 잣대들은 그 자신의 학문적 도정 내내 추구해 온 경지에 해당한다.

    이런 사유와 지성의 힘이 학문적 인생 동안 유지되기 위해서는 무엇보다 "자료와 작가와 작품을 대하는 지극하고 정성스런 마음"이 필요하다. 그에게 깊은 사유와 지성의 힘이 가능했던 건 연구 대상을 대하는 곡진한 마음이 동반되었기 때문이 아닐까. 그는 『한국고전문학사강의』 3권의 마지막 질의-응답에서도 수강생들에게 "한국 고전문학 공부뿐만 아니라 공부하는 행위 자체가 자신의 실존이 개입되는 일입니다. 그래서 저는 무엇보다 '정성스러운 마음'을 가지라고 당부하고 싶습니다"라고 부탁한다.

    이제 누구나 저자가 될 수 있는 시대이다.* 아마도 이러한 추세는 돌이킬 수 없을 것이다. 인공지능의 급속

---

*　이에 대해서는 다음 글을 참조할 것. 권성우, 「누구나 작가인 시대의 명암을 생각하며」, 『문학수첩』 2022년 상반기호.

한 발달은 이러한 흐름에 박차를 가하고 있다. 하지만 이런 상황에서 외려 제대로 된 사유의 깊이와 지성의 힘을 담보한 저서를 발견하기란 점점 쉽지 않다. 저술 출판에서도 풍요 속의 빈곤이 엄연하다. 사정이 이러하다면, 박희병이 강조하는 사유의 힘은 지성과 역사의식이 퇴행하는 이 황폐한 상황에서 결코 포기할 수 없는 학자의 자존심이자 절박한 실존적 태도이지 않을까.

6. 슬픔과 아름다움에 대한 공감

사유와 지성의 힘을 시종 강조한 박희병이 인간의 감정과 정념에 대한 파악에 둔감한 건 전혀 아니다. 그는 연구 대상인 문사의 슬픔과 고통에 대해 예민하게 반응하는 감성을 지녔다. 가령 『연암을 읽는다』 서문에서 "텍스트에 대한 사유를 통해 우리는 기다림을 배우고, 연민을 배우며, 깊은 슬픔을 응시해 낼 수 있게 되고, 이 세상의 온갖 존재들의 감추고 있는 아름다움을 읽어 내는 심안(心眼)을 얻게 된다"고 적었다. 그는 연구 대상 텍스트를 통해 슬픔과 아름다움을 자주 느낀다.

박희병은 특히 슬픔에 대한 민감한 감수성을 지녔다. '슬픔의 미학'에 대한 경도라고 칭할 수 있는 연구자 박희병의 감성은 "한 인간의 삶을, 그것도 세계와 불화했던 한 인간의 삶을 오랫동안 자세히 들여다보는 건 그리 상서로운 일이 아니다. 슬픔이 깊어지기 때문이다"(『능호관 이인상 연보』 서문) 같은 대목에서 처연하게 드러난다. 박희병이 남다른 애정을 지닌 대상은 슬픔을 온몸으로 통과한 문사이다. 특히 이덕무와 박지원이 그렇다. "이덕무는 인간 감정의 가장 진실된 국면이 다름 아닌 슬픔에서 확인된다고 확신하였다. 그리하여 '슬픔의 미학'이라 이름 할 만한 것 위에다 자신의 핵심적 문학사상을 구축해 놓고 있는 것으로 보인다"(『연암과 선귤당의 대화』), "한국 고전문학에서 슬픔의 미학을 이런 경지로까지 끌어올린 예는 달리 찾기 어렵다"(『연암을 읽는다』) 같은 문장에서 슬픔을 통과한 문사들에 대한 박희병의 각별한 관심과 애정이 여실히 느껴진다.

    나는 슬픔의 감정을 제대로 읽는 것이야말로 문학적 독해에서 가장 핵심적인 자질이자 감식안이라고 생각한다. 모든 인간의 생애에는 자기만의 상처와 고통이 존재한다. 세상의 모든 존재에는 자존감만큼이나 나름의 상처가 배어 있다. 어떻게 보면 문사는 그 상처를 글쓰기를 통해 승화시키고자 하는 존재가 아닐까. 그렇다면 뛰어난 문사일수록 그의 글쓰기에는 상처가 매우 문학적인 방식으로 스며들어 있을 테다. 이를 독해하는 연구자 역시 그 상처와 고통에 반응하는 감수성을 지녀야 한다. 박희병이 바로 그런 연구자이자 문사라고 생각한다.

박희병은 또한 "그리움이라는 것을 한국문학사에 처음으로 뚜렷하게 각인한 문인이 최치원입니다"(『한국고전문학사 강의』 1권)라고 적었듯이 최치원에 대한 학문적 탐사 과정에서 '그리움'의 정서를 환기한다. 아름다움 역시 박희병이 귀하게 여기는 감성의 하나다. 그는 "지상의 아름다운 것들이 급속하게 사라져 가고 있듯 전 인격적인 인간관계 역시 목하 사라져 가고 있는 듯하다. 변변찮은 책이지만, 존재의 완전한 상호 이해를 꿈꾸는 사람들에게 이 책을 바치고 싶다"(『연암과 선귤당의 대화』서문)고 쓰기도 했다. "이언진만큼 '존재소멸'이 보여 주는 애잔한 아름다움의 미학을 본능적인 감각으로 잘 포착해 시화하고 있는 시인도 없을 것이다"(『저항과 아만』)라는 문구에서 볼 수 있듯이 그가 이언진에게 그토록 애정을 기울이는 이유 중의 하나는 아름다움에 대한 남다른 감각이다.

박희병에게 아름다움이 사라져 가는 세상은 전혀 살 만한 곳이 아니다. 그는 비록 소수이겠지만 "존재의 완전한 상호 이해를 꿈꾸는 사람들"과 소통하고자 하는 열망을 여전히 간직하고 있다. 이런 기대와 열망이 조금이라도 존재하기에 그는 계속 글을 쓰고 연구하는 게 아닐까.

7. 글을 맺으며

약 한 달 반에 걸쳐서 『서문, 책의 안과 밖』과 박희병의 저서들을 탐독했다. 한 권 한 권마다 그의 학문적 열정과 선연한 문제의식, 단단하고 명료한 문체, 소수자에 대한 깊은 애정, 뚜렷한 실존적 자의식을 느꼈다.

　박희병의 책들과 함께 보낸 시간은 스스로 되돌아보며 학문적으로 조금이나마 성숙을 향해 나아가는 과정이기도 했다. 박희병은 『한국한문소설 교합구해』 서문에서 "우리 고전에 대한 애정이 내 '몸'에 더욱 각별하게 체화된 듯한 느낌이다"라고 썼는데, 나 역시 이번 글쓰기를 위해 박희병의 글과 책을 접하며 우리 고전에 대한 깊은 애정과 관심이 싹트는 걸 새삼 발견했다. 무엇보다 이 점이 내게 소중하다. 지금이라도 이 같은 귀한 기회가 생겨 정말 다행이라는 생각이다. 그동안 멀리서 경외해 왔던 고전문학자 박희병 교수의 책에 이런 형식의 글을 쓰게 되리라고는 꿈에도 생각하지 못했다. 부담스럽기도 했지만, 의미 깊고 즐거운 여정이었다.

　올해로 칠순을 맞이하는 박희병 교수는 "나는 병약해 공부를 하면서 자주 아팠다"고 고백한다. 그의 책에도 아픈 몸에 대한 서술이 간혹 등장한다. 박희병에 의하면 "병약한 자는 그렇지 않은 자보다 종종 대상의 내면을 더 깊이 읽어 낼 수 있는 법이다."(『연암과 선귤당의 대화』) 또한 그는 "자고로 문인에게는 병이 많다. 책을 읽고, 생각하고, 글을 쓰는 행위는 신(神)을 소모하게 마련이다. 신을 소모하면 건강을 잃기 쉽다"(『저항과 아만』)고 적었다. 자주 아픈 몸을 이끌고 평생 학문과 글쓰기에 헌신했던 그를 생각하니 마음이 애잔해진다.

『나는 골목길 부처다』의 다음 문구를 천천히 읽으며 음미해 본다.

> 우리는 박지원의 글에서 큰 감동을 받을지언정 박지원이 글을 통해 자신을 '소진'하고 있다는 느낌 같은 것을 받지는 않는다. 이와 달리 이언진은 글을 통해 자신을 남김없이 드러내고 있으며, 글에다 모든 에너지를 다 쏟아붓고 있다는 느낌을 준다. 이것은 '집중된 고독' 속에 있는 사람에게만 나타나는 현상이다. 혹은 그것은 생의 벼랑 끝에 서서 작업한 인간에게서만 보이는 특징이랄 수 있다. 이런 인간은 생물학적으로 결코 오래 지속될 수 없다. 생을 급속히 소진하고 있으므로. 그 대신 그의 작품은 어떤 강렬함과 폭발적인 힘을 보여 준다. 빈센트 반 고흐 같은 화가가 그런 사람이다.

이언진의 글에 대한 태도, 즉 "자신을 남김없이 드러내고 있으며, 글에다 모든 에너지를 다 쏟아붓고 있다는 느낌"은 박희병의 어떤 글을 읽을 때 종종 받은 느낌이기도 하다. 이는 그가 정약용의 글쓰기에 대해 표현한 "자기 존재를 건 혼신의 글쓰기"와 통한다. 주어진 상황과 맥락은 많이 다르지만, 나는 최근 만 100세를 넘긴 대하소설 『화산도』의 작가 김석범(金石範, 1925~)의 글을 읽으며 비슷한 느낌을 받았다.

그토록 치명적인 역사적 비극 제주4·3을 소재로 오랜 세월 각고의 열정을 다해 창작에 임한 그는 최근 일본 문예 월간지 『스바루』(すばる) 2025년 11월호에 신작 소설 「골고다 언덕의 게릴라」(ゴルゴタの丘のゲリラ)를 발표했다. 조선적(朝鮮籍)이라는 '집중된 고독' 속에서 평생을 살아오면서 인생을 건 소진과 과업을 통과한 그는 현재도 새로운 작품을 발표하며 의연히 살아 있다.

바라건대 박희병 교수가 건강을 잘 유지해 앞으로도 의미 깊은 학술서와 독자의 뇌리를 뒤흔드는 에세이를 계속 출간할 수 있기를 바란다. 앞으로 나올 그의 새로운 책들을 생각하면 기분 좋은 설렘을 느낀다.

그가 『통합인문학을 위하여』에서 표현했듯, 지금 이 시대의 인문학자는 "폐허에서 사유하는 난민 같은 존재"에 가깝다. 하지만 이런 시대일수록, 시대의 야만과 모순, 퇴행과 폐허를 근본적으로 되돌아보게 만드는 좋은 책의 존재, 강단 있는 인문학자의 결기는 소중하게 다가온다.

이 부족한 글이 여전히 혼신의 열정으로 연구하고 새로운 책을 구상하고 있을 박희병 교수에게 작은 힘이나마 되길 바라는 마음으로 다음 마지막 문장을 적으며 붓을 놓는다.

앞으로도 계속 박희병의 새로운 책을 설레는 마음으로 읽고 싶다.

서문 중 감사의 말에 언급된 분들

— 호칭은 원래의 글대로이다.
— 글에 언급된 순서대로 거명했다.
— 발문이나 후기의 경우 그 사실을 밝혔다.

제1부

『한국고전인물전연구』
　　우전(雨田)·성산(城山) 선생님, 이상택·임형택·송재소 선생님, 정경주 교수, 박혜숙 교수, 김언호 사장
『조선후기 전의 소설적 성향 연구』
　　이상택·장덕순·민병수·조동일·서대석·이지형·성대경 선생님, 장호성 씨, 강민구 군, 박창기 선생
『한국한문소설』
　　정환국·유덕형 군
『한국전기소설의 미학』
　　한철희 사장, 김혜형 씨
『선인들의 공부법』
　　〔새로 펴내며〕이선엽 씨
『한국의 생태사상』
　　허선자 군, 김혜형 씨
『한국한문소설 교합구해』

박성모 사장

　　〔발문〕 임형택 선생, 정경주 교수, 김영진·정환국 동학, 정길수·
　　송지원·김하라 군

『연암산문정독』

　　임형택 선생, 최은주·전영철 씨, 임완혁·김영진·신익철·김철범
　　교수, 이경아 팀장, 김수영 군

『거기, 내 마음의 산골마을』

　　〔발문〕 장은성 사장, 풀무학교 학생들과 졸업생

『저항과 아만』

　　김지윤·강혜규·유정열·김민영·박경남·이경근·박상휘·김수영
　　학우, 윤재민 교수, 박혜숙 교수

　　〔개정판 서문〕 이창숙 교수, 왕경언 씨

『연암과 선귤당의 대화』

　　유정열·김대중·김민영 군, 이경아 씨

『나는 골목길 부처다』

　　정환국 교수, 야마다 교오코(山田恭子), 이효원·박상휘·김민영 군

『범애와 평등』

　　한철희 사장, 이경아 팀장, 김민영·안준석·박희수·박상휘·유정
　　열 군

『능호관 이인상 서화평석 1·2』

　　이경아 팀장, 이은정·이연경·김동신, 한철희 사장

『한국고전소설 연구의 방법적 지평』

　　김지윤·정솔미·곽보미 군, 조영남 사장

『18세기 통신사 필담 1』

　　노자키 미츠히코(野崎充彦) 교수

『능호관 이인상 연보』

　　이경아 편집자, 한철희 사장

『한국고전문학사강의 1·2·3』
　　김대중·김수영 교수, 황정수 동학, 야마다 교오코·쉬이링(許怡齡)·김하라·이효원·강혜규 교수, 이경근·유정열·정보라미·김지윤·정솔미 박사, 안준석·김민영·곽보미 박사 과정 수료생, 조하늘 박사 과정생, 정길수·최지녀·김유진·신현웅 교수, 이경아 팀장, 한철희 사장

제2부

『나의 아버지 박지원』
　　임형택 선생님, 정길수 군, 김혜형 씨
『베트남의 신화와 전설』
　　김수영 씨
『베트남의 기이한 옛이야기』
　　유인선 교수, 최세정 씨
『고추장 작은 단지를 보내니』
　　김채식 씨, 김명호 교수, 강국주·홍아주 군, 한철희 사장, 이경아 씨, 진준현 학예관
『말똥구슬』
　　김수영 군

제3부

『차라리 밤을 기다리며』
　　〔발문〕최원식 선배, 함영회 사장, 이영진·김형수 형

『노신 선생님』
〔후기〕 함영회 사장, 김하림·김종철·현무환·윤종은 형